Construção de um

Moinho

Agradecimentos

Escrever este livro teria sido muito mais difícil – e ele seria significativamente menos completo – não fossem os conselhos e o conhecimento especializado de várias pessoas. Por seu interesse e generosidade, eu gostaria de agradecer a:

Patrick M. Malone, do Slater Mill Historic Site, que agüentou ler o manuscrito sete vezes.

Theodore Z. Penn, do Old Sturbridge Village, especialmente por sua ajuda na área de transmissão de força.

Thomas Leary, por sua paciência.

John Chaney, por seu conhecimento em primeira mão do século dezenove.

Myron Stachiw, Charles Parrot, Jack Lozier, Helena Wright, Betsy Bahr, Sarah Gleason, Richard Greenwood, Elizabeth Sholes, Jeff Howry e Ruth Macaulay, a quem, por sua assistência editorial e extraordinária paciência, dedico carinhosamente este livro.

Esta obra foi publicada originalmente em inglês com o título
MILL
por Houghton Mifflin Co., Boston, em 1983

1ª edição: maio de 1995

Tradução: Carlos Daudt
Revisão da tradução: Carlos Eduardo Silveira Matos
Preparação do original: Dirceu A. Scali Jr.
Revisão gráfica:
Laila Dawa
Marise Simões Leal

Produção gráfica: Geraldo Alves
Paginação: Moacir K. Matsusaki

Capa – Execução:
Katia H. Terasaka

ISBN 85-336-0388-6

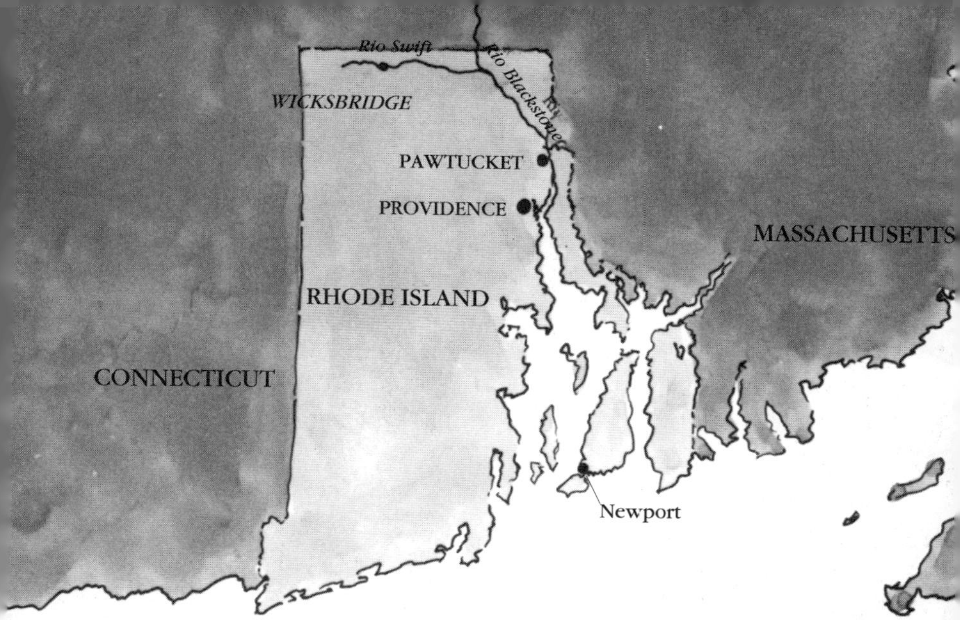

Prefácio

Os moinhos de Wicksbridge são imaginários, mas o jeito como foram projetados, seu tipo de construção e modo de operar são típicos daqueles desenvolvidos por toda a Nova Inglaterra durante o século dezenove.

Cada moinho da Nova Inglaterra é um relato arquitetônico dos recursos financeiros e das ambições de seus proprietários. A sobrevivência e o notável estado de preservação de muitos desses moinhos representam um tributo à engenhosidade e ao esforço desses construtores. O número de grupos comunitários que se desenvolveram em torno deles – e a densidade desses grupos – ainda evocam as promessas de independência financeira e prosperidade pessoal que essas estruturas outrora simbolizavam. Contudo, pela maneira com que se impõem fisicamente à paisagem ao seu redor, muitos desses moinhos continuam a nos lembrar que todo caminho para a prosperidade tem seu preço.

David Macaulay

Construção de um Moinho

Martins Fontes
São Paulo 1995

Introdução

Antes de ser tecido e transformado em pano, o algodão tem de ser fiado. Por séculos isso foi feito manualmente. Depois de limpas e preparadas, as fibras eram esticadas e torcidas, formando um fio contínuo e delgado que era enrolado em torno de um fuso. O fio era então transferido para o tear, onde o processo de tecelagem o transformava em fazenda.

A mecanização dos processos de fiação e tecelagem fez parte de um período de inovação tecnológica conhecido como Revolução Industrial. Esse período teve início na Inglaterra, no meio do século dezoito, e estendeu-se pelo século dezenove na Europa e nos Estados Unidos.

Um novo tipo de edifício foi projetado para abrigar uma grande quantidade dessas novas máquinas, que podiam funcionar todas ao mesmo tempo a partir de uma mesma fonte central de força. Estruturas compridas, estreitas e de muitos andares, algumas usando rodas hidráulicas, outras motores a vapor, foram construídas na Inglaterra e na Escócia. Elas eram chamadas de fábricas ou moinhos.

Esses moinhos provocaram um aumento na produção, o que tornou necessária a busca de novos mercados e a proteção dos antigos. Como principal exportador de produtos têxteis para a Europa e os Estados Unidos, a Grã-Bretanha guardava para si qualquer inovação tecnológica que pudesse encorajar os demais países a competir com ela. A falta de conhecimento técnico, aliada à abundante oferta de tecidos importados, não contribuiu em muito para estimular o desenvolvimento da indústria têxtil nos Estados Unidos.

Contudo, as coisas começaram a mudar no último quarto do século dezoito. Não apenas os Estados Unidos conquistaram sua independência política, como também um número cada vez maior de americanos lutava por maior independência econômica. Imigrantes de origem britânica foram acolhidos de braços abertos junto com o conhecimento tecnológico que traziam, e em 1793 Samuel Slater, um recém-chegado, já havia construído e mantinha em atividade o primeiro moinho de fiar algodão a funcionar com sucesso na América. O moinho foi construído em Pawtucket, Rhode Island, usando a força hidráulica do rio Blackstone.

Embora o uso da energia hidráulica na indústria de fiação de algodão não fosse conhecido na América até a última década do século dezoito, a aplicação desse tipo de energia em várias outras atividades já estava bem disseminada. Quase todos os rios e ribeirões da Nova Inglaterra tinham pelo menos um moinho.

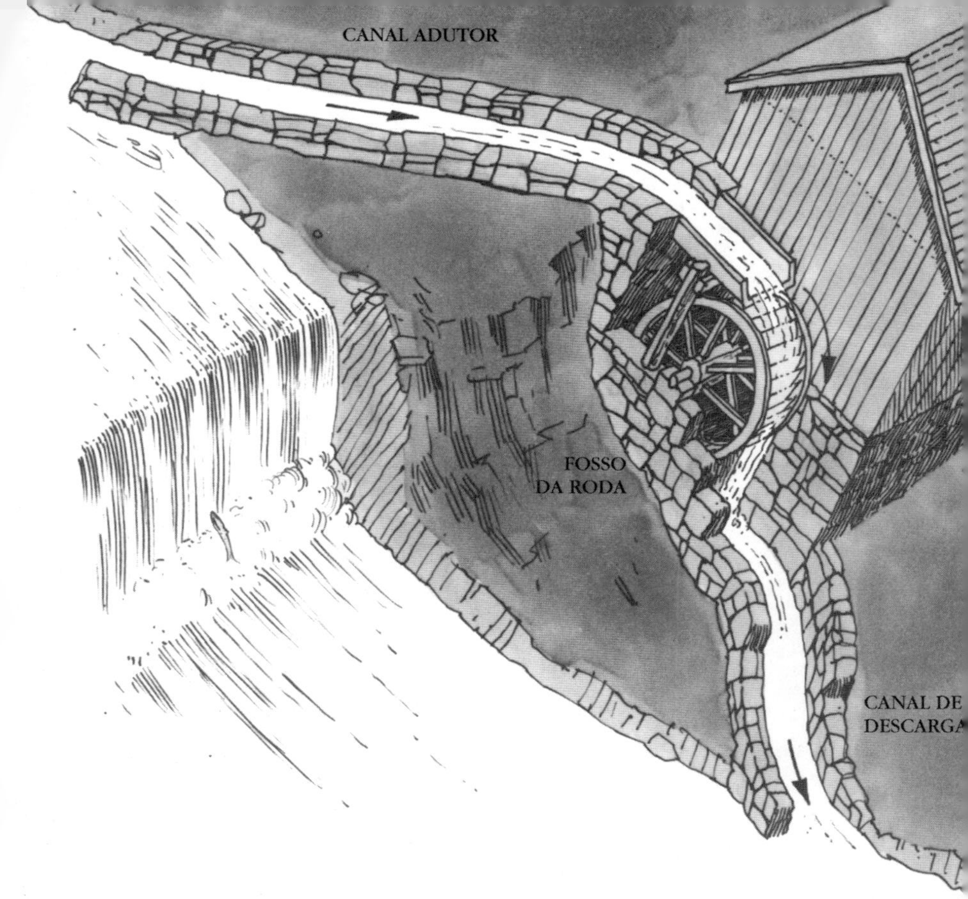

Por volta de 1800, uma serraria, um moinho de pisoagem e um moinho de cereais, todos movidos a energia hidráulica, erguiam-se perto de uma cachoeira no rio Swift, um afluente do Blackstone a vinte e cinco quilômetros ao norte de Pawtucket. Cada roda hidráulica girava num recesso revestido de pedras, o fosso da roda, que era ligado ao rio por um canal chamado canal condutor. A parte do canal condutor que conduzia a água do rio à roda hidráulica era chamada canal adutor; a parte que reconduzia a água de volta ao rio após ter movimentado a roda era o canal de descarga.

O moinho que movimentava a serraria tinha duas rodas hidráulicas. A primeira, chamada roda flutuante, punha a serra para mover-se para cima e para baixo e conduzia a tora em direção à lâmina. A

RODA FLUTUANTE

RODA CERCADA

roda flutuante era basicamente uma haste horizontal de onde se irradiavam várias placas de madeira chamadas pás. Ela girava à medida que a água passava por baixo, empurrando suas pás.

A segunda era uma roda cercada. Ela punha para funcionar a maquinaria que removia as toras depois de cortadas. Também girava através do impulso da água em suas pás. Só que, nesse caso, as pás estavam presas a uma haste vertical e a roda era cercada por uma barricada de madeira.

No moinho de pisoagem, o pano de lã era golpeado com martelos de madeira para que ficasse limpo e mais espesso. Os martelos eram movidos por uma roda hidráulica de fluxo inferior. Embora maior do que a roda flutuante, também girava pela força da água que corria por baixo de sua estrutura e empurrava suas pás.

O moinho de cereais moía o milho e o trigo. Era ativado por uma enorme roda hidráulica de fluxo superior. Em vez de pás, a extremidade da roda era constituída por uma série de calhas de ma-

RODA DE FLUXO INFERIOR

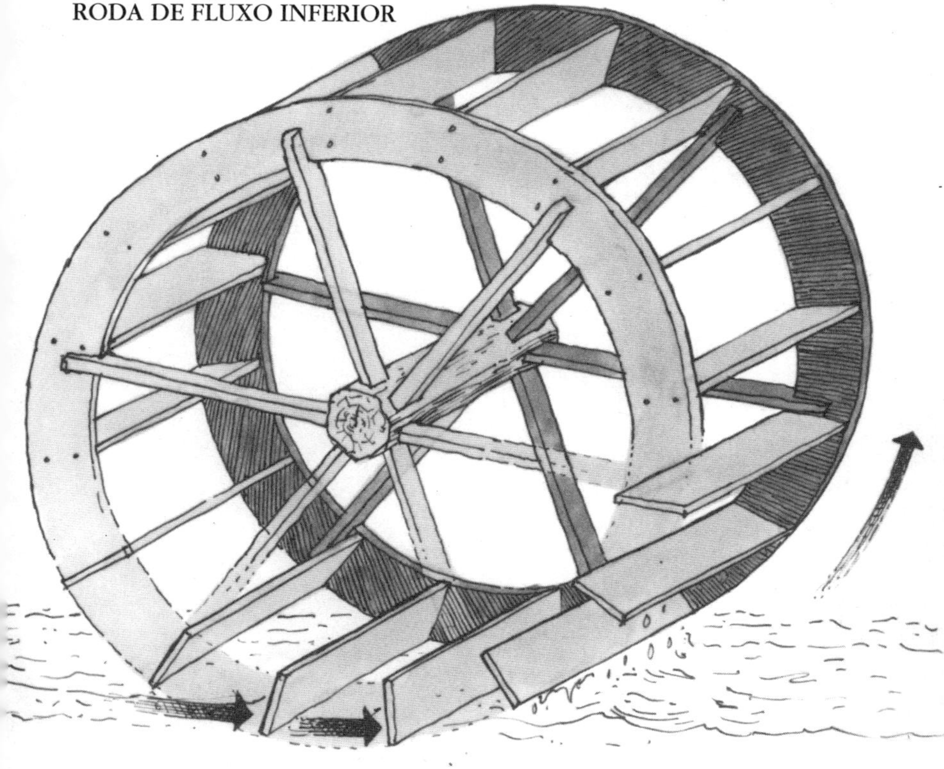

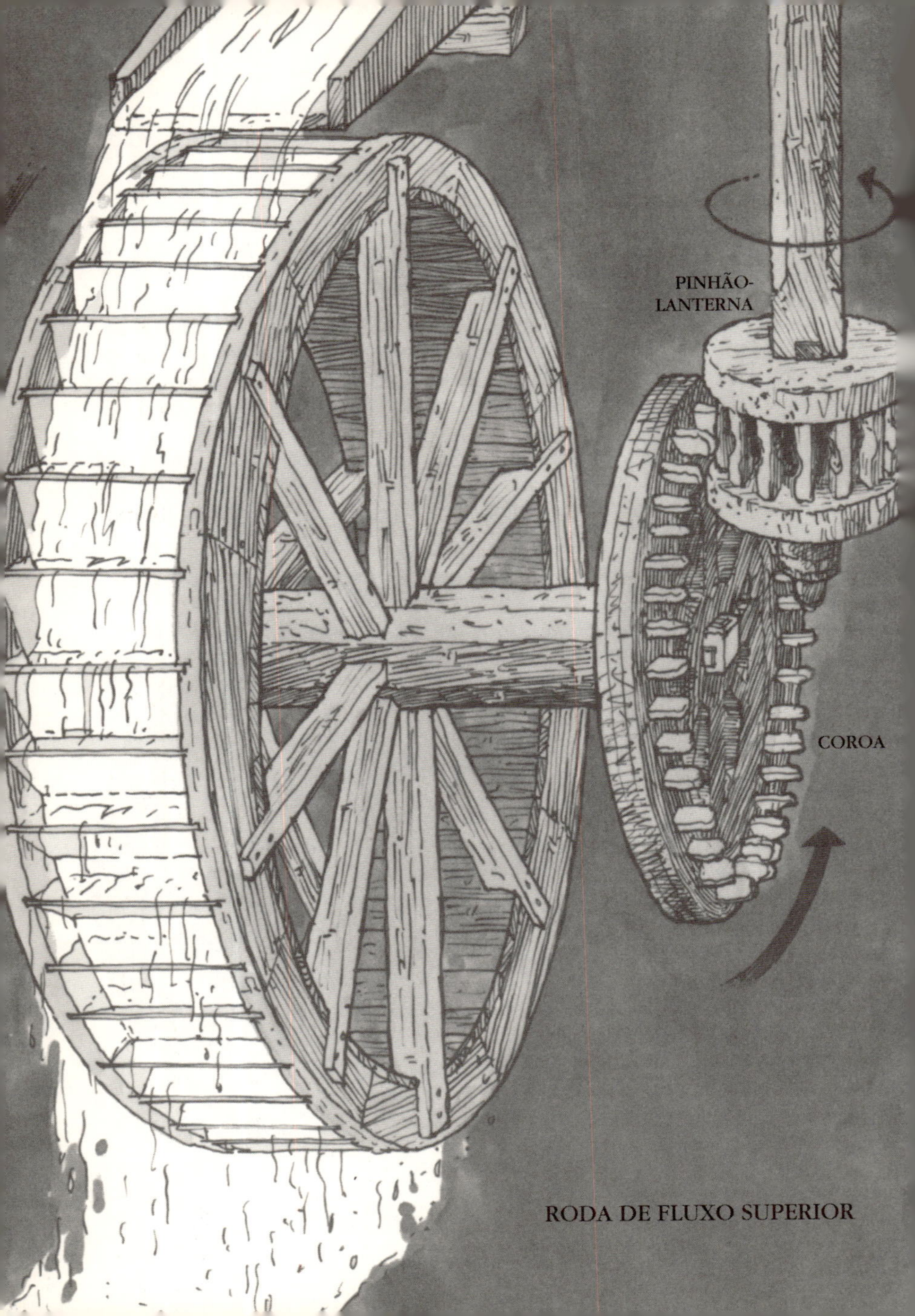

RODA DE FLUXO SUPERIOR

deira chamadas caçambas. A água vinda do canal adutor caía sobre a parte de cima da roda e dentro das caçambas. O peso da água nas caçambas fazia a roda girar.

A distância vertical percorrida pela água em sua queda do canal adutor para o de descarga chamava-se "cabeça". A quantidade de energia utilizável em qualquer dessas estruturas dependia da velocidade do fluxo da água e da cabeça.

Quando era impossível colocar o moinho para funcionar a partir da roda hidráulica, era necessária a construção de um sistema de engrenagens, eixos adicionais, roldanas e correias chamado de sistema mecânico de transmissão. No moinho de cereais, o eixo da roda se estendia para além do fosso da roda hidráulica até atingir o espaço subjacente ao primeiro andar do prédio do moinho. Uma roda de madeira, a coroa, era afixada a essa extremidade do eixo. Um círculo de dentes de madeira se projetava de um dos lados da coroa, perto de sua extremidade. Esses dentes se engrenavam com as barras de uma estrutura cilíndrica de madeira semelhante a uma gaiola, o pinhão-lanterna, fazendo-a girar. Esse pinhão fazia girar um eixo vertical que, por meio de mais duas rodas dentadas e de um eixo menor, estava ligado à pedra do moinho, no andar superior. Uma vez que o diâmetro do pinhão-lanterna era um quarto do da coroa dentada, dava quatro voltas para cada revolução da coroa. Esse sistema de engrenagem, que ia de uma roda maior para uma menor, permitia à pedra do moinho girar cem vezes a cada minuto, enquanto a roda hidráulica girava apenas sete.

A tecnologia então existente sobre a energia hidráulica, a chegada periódica de novas informações e conhecimentos técnicos e o desejo de independência econômica aliaram-se para transformar a indústria de fabricação de tecido se não num negócio de lucros imediatos, pelo menos num negócio em franca expansão.

Enquanto a Grã-Bretanha procurava manter seu domínio econômico no continente, monopolizando o mercado para muitos de seus produtos manufaturados, a França, sob o domínio de Napoleão, tentava criar uma Europa unida e economicamente independente. Assim, esses países proibiram às nações neutras comerciar com o rival. Uma vez que a Europa inteira estava praticamente em guerra, sobrava apenas os Estados Unidos como única nação neutra envolvida no livre comércio, e seus navios eram molestados e apreendidos pelas forças inglesas e francesas. Os Estados Unidos responderam aos ataques em 1807, proibindo a importação dos produtos estrangeiros. Em 1809, o embargo se aplicava somente aos produtos ingleses e franceses, e em 1810 apenas aos ingleses. Embora condenada pela maior parte dos comerciantes e considerada totalmente desastrosa pelos representantes da indústria naval, essas restrições forçaram os investidores a buscar novos usos para seu dinheiro. Uma das beneficiárias desse novo fluxo de capital foi a indústria têxtil americana.

O Moinho Amarelo

No dia 27 de fevereiro de 1810 formou-se uma sociedade em Providence, Rhode Island, a fim de construir e operar um moinho de algodão. Entre os sócios mais velhos estavam Silas Wicks, Zenus e Sylvanus Chaney e Judge Pardon Fiske. Wicks e os irmãos Chaney haviam acumulado grande fortuna na marinha mercante e na área de comércio exterior. O sócio mais jovem, Zachariah Plimpton, de vinte e sete anos, crescera na Inglaterra e conhecia bem a indústria têxtil do algodão. Aos quatorze anos trabalhara como aprendiz para um próspero proprietário de moinho e nos oito anos seguintes atuou em todas as áreas ligadas a fiação, tecelagem e gerenciamento de fábrica. Veio para os Estados Unidos aos vinte e dois anos, e logo arranjou emprego como gerente de um pequeno moinho em Rhode Island. O subseqüente sucesso daquele moinho estabeleceu sua reputação como um dos melhores profissionais do ramo.

Na primeira reunião, cada sócio ficou responsável por determinado aspecto do novo empreendimento. Wicks e Judge Fiske financiariam a maquinaria e o suprimento inicial de algodão. Aos irmãos Chaney caberia fornecer o material, os trabalhadores e o dinheiro para a construção do moinho. Plimpton se encarregaria de projetar e supervisionar a construção, além de responder pela administração do moinho depois de concluído. Os sócios concordaram com a sugestão de Plimpton para que fossem usados uns setecentos e cinqüenta fusos para a fiação de algodão e que todo maquinário funcionasse por meio de energia hidráulica.

Plimpton elaborou uma lista de locais viáveis para a construção de um moinho e, no dia 19 de março, partiu para escolher o melhor local disponível. Os requisitos que mais o interessavam eram o acesso a um rio de onde tirar energia e a existência de um canal ou estrada para transporte. Em cada local, ele calculava o fluxo do rio e determinava o ponto onde se obteria a maior cabeça.

402 m
274 m
CACHOEIRA
3,4 m
CORREDEIRAS
1,7 m
0,915 m
PERFIL DO RIO SWIFT

Plimpton anotou suas conclusões e, após comparar um bom número de alternativas, escolheu um terreno no rio Swift, oitocentos metros abaixo das cachoeiras. Com o terreno vinha também o valioso privilégio de moinho, licença que permitia ao proprietário desviar parte do fluxo fluvial para fornecer energia a novos moinhos. Entre o ponto mais alto das cachoeiras e o começo da propriedade, o rio caía quase quatro metros. Ao longo das corredeiras que margeavam o terreno, ele caía mais um metro e meio.

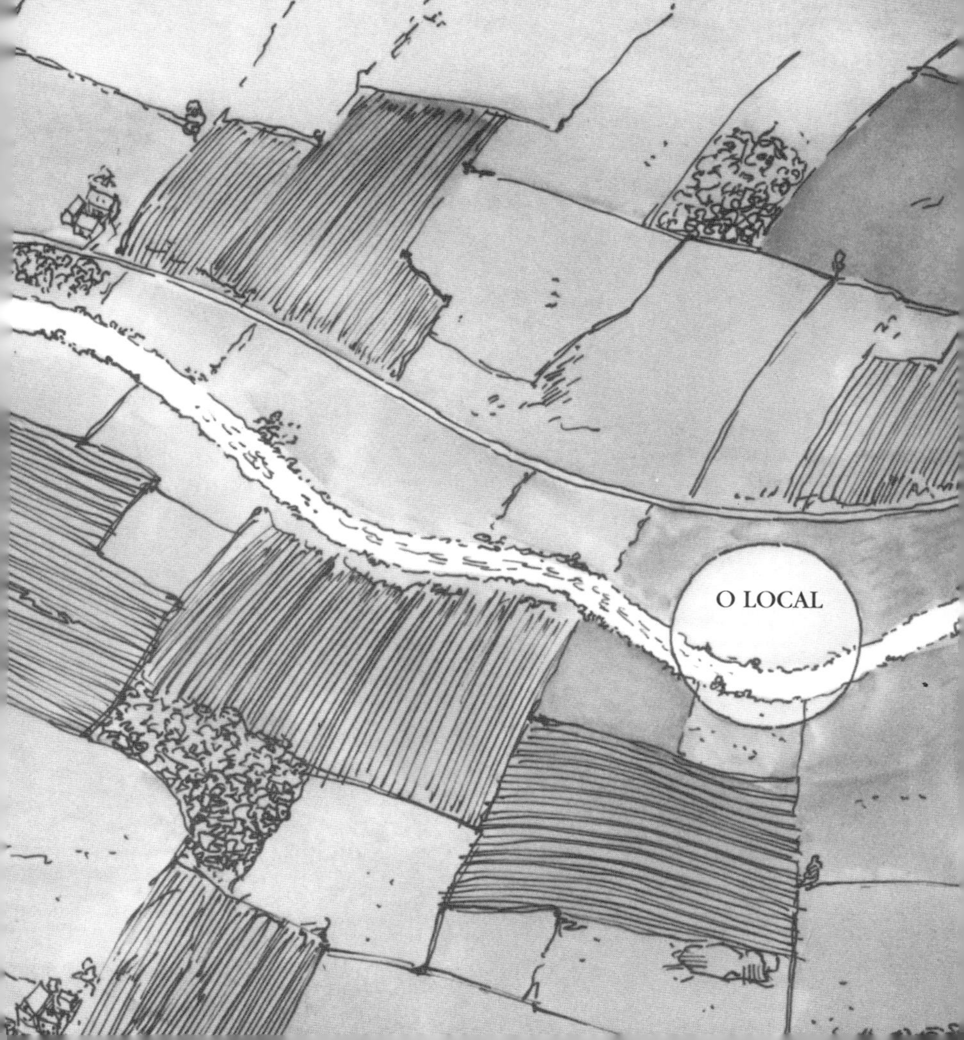

COMPARAÇÃO ENTRE AS RODAS HIDRÁULICAS COM ÁGUA REPRESADA

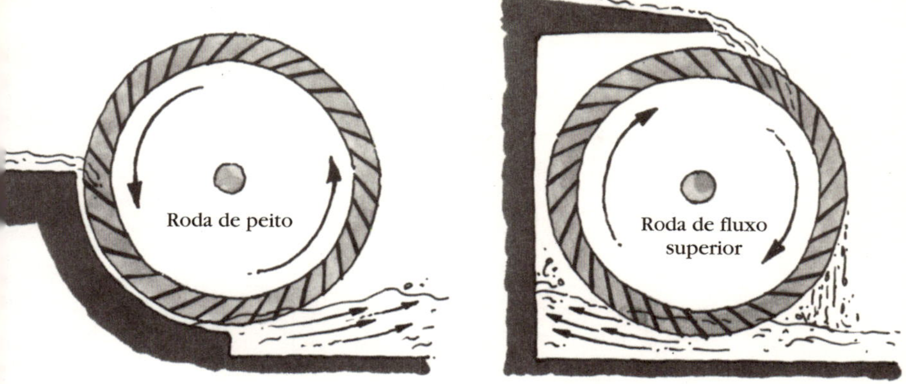

De volta a Providence, Plimpton projetou uma roda hidráulica que aproveitasse a energia fluvial com maior eficiência. Calculou que, construindo um dique no meio da corredeira, poderia criar uma cabeça de um metro e oitenta ou dois metros e dez sem prejudicar os moinhos situados a montante. Após comparar a força gerada pelos diferentes tipos de roda com as necessidades da maquinaria a ser utilizada, optou por uma roda de "peito". Como a roda de fluxo superior, ela girava por meio do peso da água em suas caçambas, sem requerer uma queda vertical tão grande. Em vez de cair por cima da roda hidráulica, a água entrava nas caçambas pelo lado da roda que estava voltado para a nascente do rio, fazendo-a girar num sentido oposto ao da roda de fluxo superior. Para Plimpton, isso era vantajoso na época de enchentes. Quanto mais alto o nível das águas fluviais, maiores as chances de se acumularem no fosso da roda, diminuindo a eficiência de sua rotação. Devido a seu sentido de rotação, a roda de peito tenderia a expulsar a água represada, enquanto a roda de fluxo superior empurraria a água para baixo de sua estrutura, reduzindo ainda mais sua eficiência.

A parede do fosso do lado a montante era construída seguindo a circunferência da roda de peito. Entre esta parte curva da parede, chamada de "peito", e a roda havia tão pouco espaço que a água ficava presa nas caçambas até atingir o ponto mais baixo de sua rotação. Uma vez que na roda criada por Plimpton a água entrava nas caçambas bem na altura de seu eixo, ela passou a se chamar roda de peito de fluxo axial.

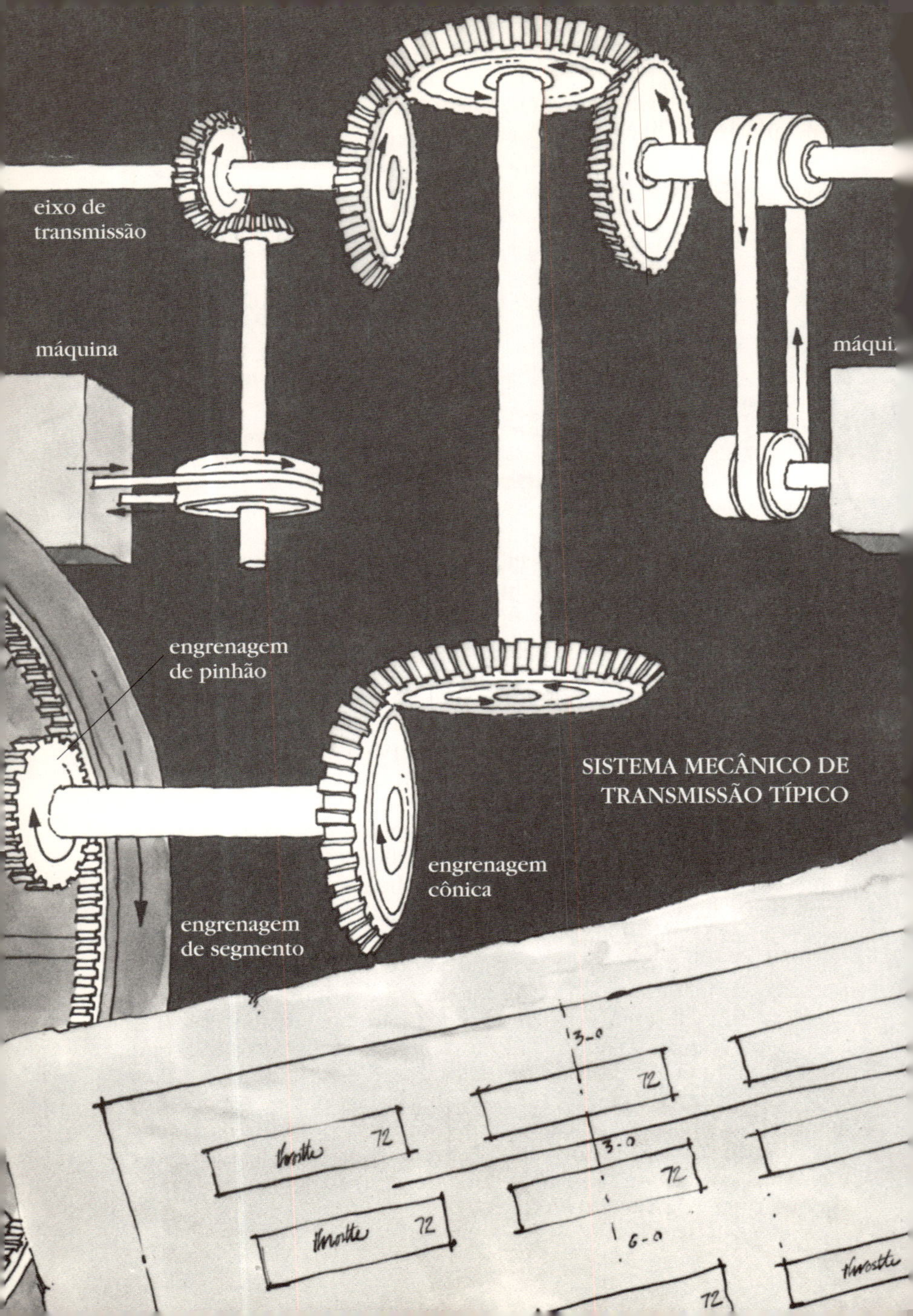
eixo de transmissão
máquina
máqui
engrenagem de pinhão
SISTEMA MECÂNICO DE TRANSMISSÃO TÍPICO
engrenagem cônica
engrenagem de segmento
3-0
72
throttle
72
3-0
72
throttle
72
6-0
throttle
72

Embora pudesse projetar o moinho com base no número de máquinas que abrigaria, Plimpton não tinha meios de calcular suas dimensões exatas sem antes desenhar o sistema mecânico de força. No sistema de Plimpton, o movimento rotativo da roda hidráulica era transferido para um eixo vertical através de uma combinação de engrenagens cônicas. Por meio de um grupo adicional dessas engrenagens, o movimento de rotação do eixo vertical era transferido para um eixo horizontal chamado de eixo de transmissão. Cada máquina do moinho era conectada a esse eixo ou mediante outro eixo menor, vertical, ligado a uma polia, ou através de um sistema de transmissão contínuo: corda ou correia de couro.

Uma vez determinado o comprimento do eixo de transmissão mais longo, Plimpton calculou o comprimento do edifício. A largura foi estabelecida dispondo-se a maquinaria ao longo dos eixos de transmissão e erguendo-se as paredes junto às máquinas, permitindo maior penetração da luz solar na área de trabalho.

Por sua acessibilidade, a madeira era o material de construção mais prático. A experiência de Plimpton na Inglaterra se limitara às construções com tijolos e pedras, o que o levou a contratar um es-

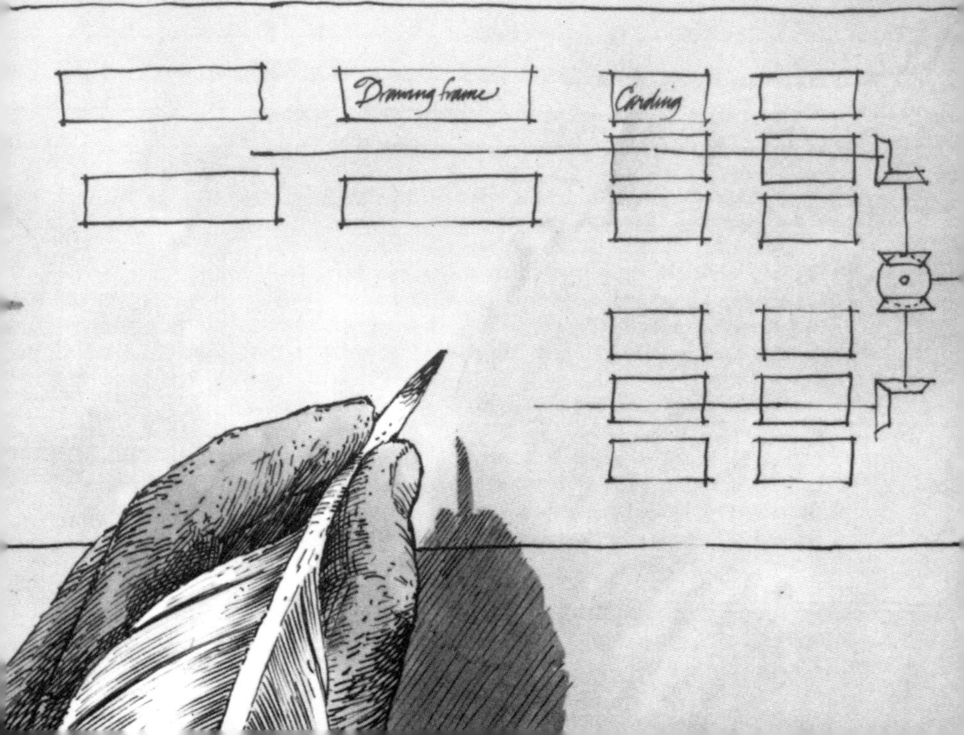

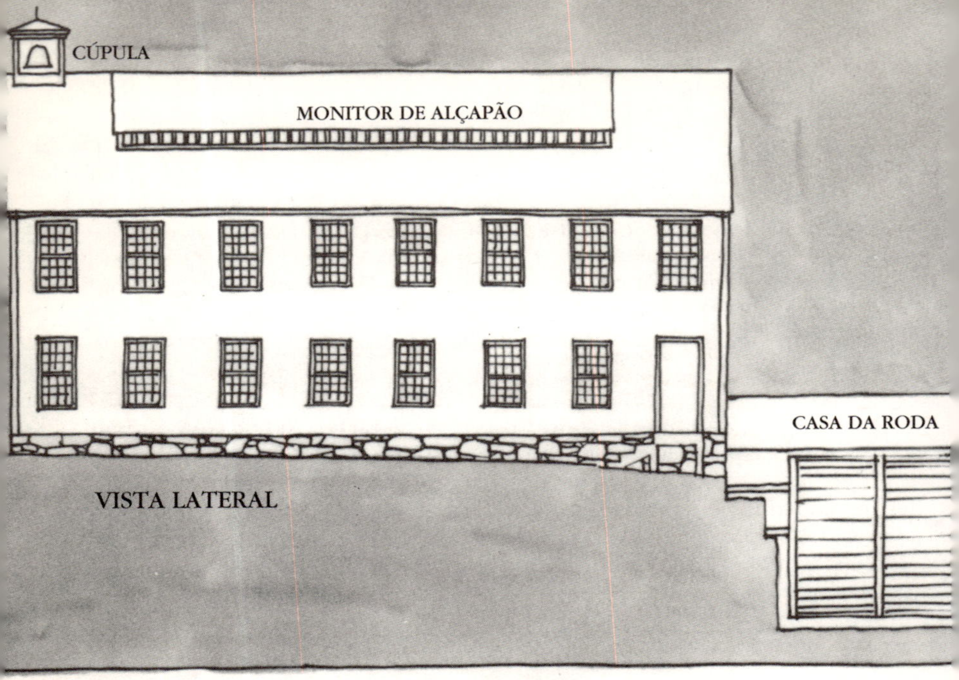
CÚPULA
MONITOR DE ALÇAPÃO
CASA DA RODA
VISTA LATERAL

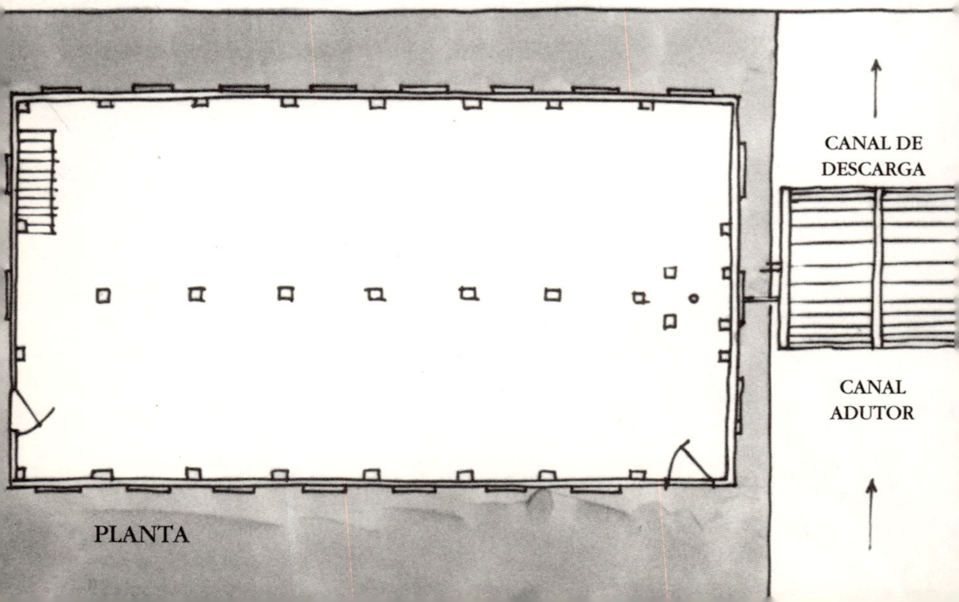
CANAL DE
DESCARGA
CANAL
ADUTOR
PLANTA

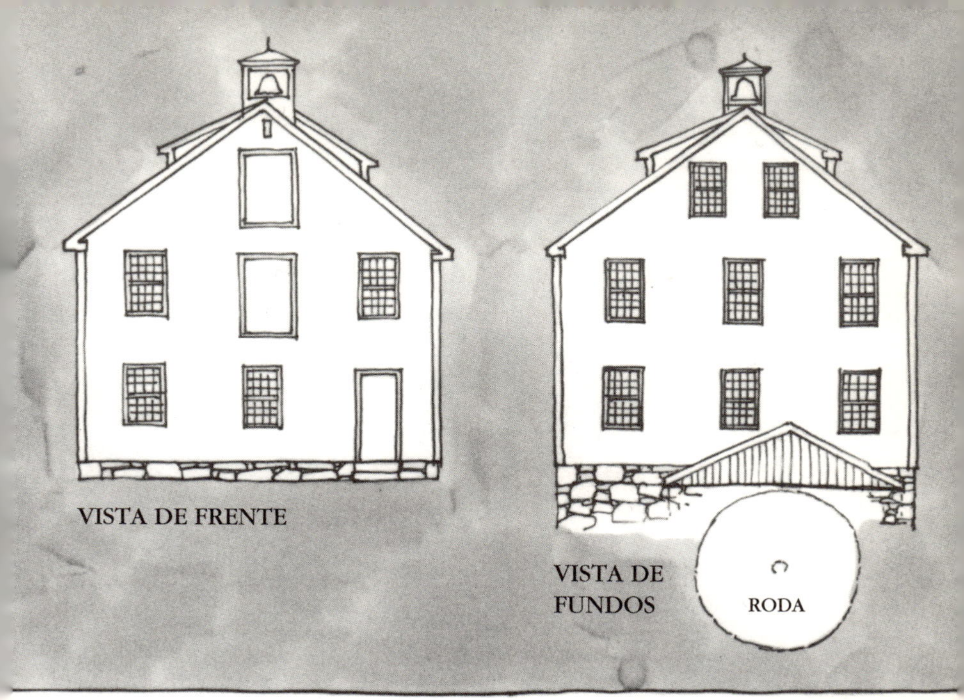

pecialista em moinhos chamado Benjamin Quigg para projetar a estrutura de madeira do prédio e supervisionar sua construção.

Em abril, Plimpton apresentou o projeto a seus sócios. O moinho mediria dezenove metros e meio de comprimento por dez e meio de largura; teria dois pavimentos completos e um sótão aproveitável. Os andares de baixo seriam iluminados por janelas relativamente largas e o sótão receberia luz de duas faixas estreitas, chamadas monitores de alçapão, cada uma num lado do telhado. Na parte de trás do moinho seria construído um pequeno barracão para abrigar a roda hidráulica. No alto do telhado, na extremidade oposta, ele havia projetado uma cúpula simples para abrigar o sino.

Todos ficaram encantados com o trabalho de Plimpton e instaram para que a construção começasse o mais cedo possível.

Depois de fazer um cálculo aproximado da quantidade de madeira necessária para construir as paredes, o teto e o assoalho, Quigg se dirigiu a algumas serrarias próximas à área de construção e com-

prou toda a madeira seca que conseguiu encontrar. Plimpton ficou para trás, para encomendar itens como janelas, vidros, pregos, ferramentas e peças de ferro que seriam manufaturadas em Providence.

Dois dias mais tarde, Plimpton juntou-se a Quigg na Eagle, uma taverna perto das cachoeiras. Alugaram camas nesse albergue durante a duração do projeto.

Na manhã seguinte, Quigg começou a abater as árvores a serem usadas no esqueleto da construção. Nesse meio tempo, Plimpton contratou um fazendeiro local para extrair de um rochedo pedras para as fundações e o fosso da roda.

Duas semanas mais tarde, quase uma dúzia de homens, a maior parte trabalhadores itinerantes, carregavam trenós com as pedras que tiravam do rochedo.

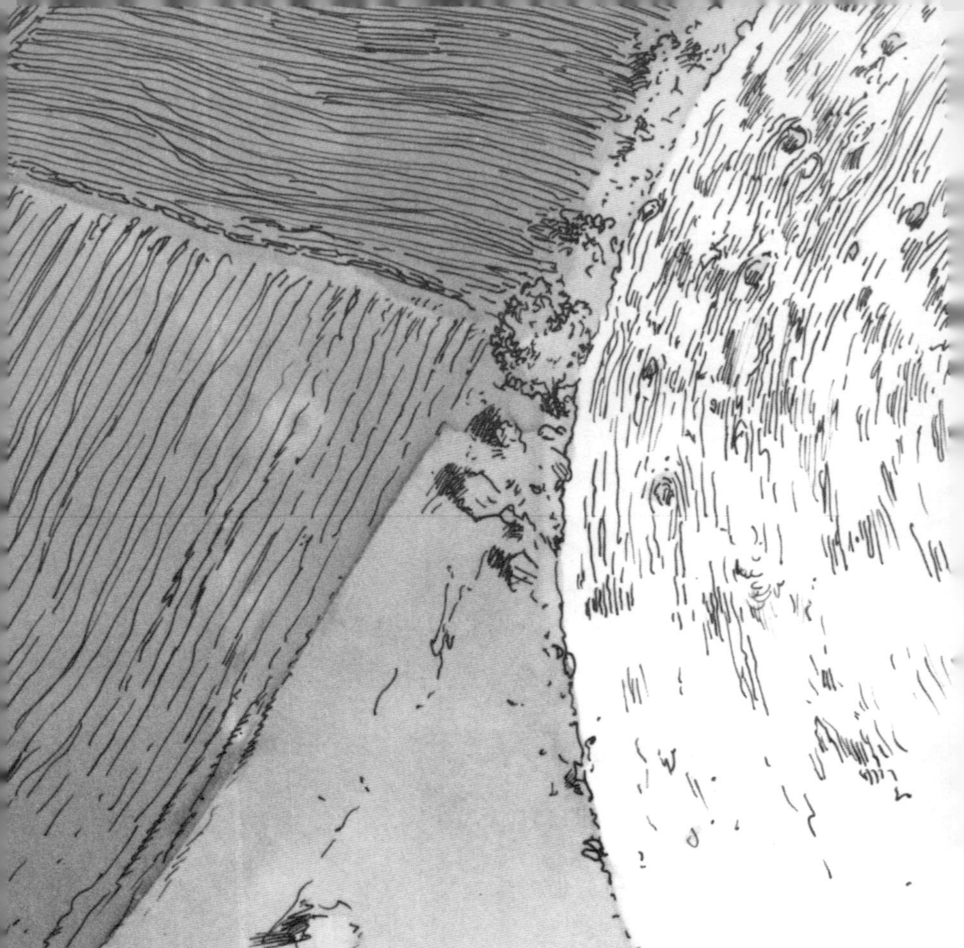

Enquanto outros trabalhadores transportavam as árvores abatidas por Quigg, um terceiro grupo preparava o local da construção e limpava uma área para armazenar os materiais.

Antes de determinar o curso exato do canal adutor e escolher o local do fosso da roda e do moinho, Plimpton inspecionou o terreno para certificar-se de que não havia ali rochedos e penedos ocultos que pudessem retardar as escavações. Uma vez convencido de que a área não ocultava maiores obstáculos, pôs-se, então, a demarcar o terreno com buracos e trincheiras e deu início às escavações. Ao final de maio, o canal de descarga já estava pronto. Ele fora escavado primeiro para drenar infiltrações que pudessem prejudicar a escavação do fosso da roda.

Plimpton revestiu o chão do fosso com ripas de madeira para reduzir o atrito, acelerando o escoamento da água, e também para evitar a erosão do solo fluvial sob as paredes laterais. O peito foi preso ao chão e às paredes do fosso. Após afixar as traves curvas de madeira, Quigg as uniu com uma camada de grossas ripas. O vão dentro do peito foi enchido com rochas e pedregulhos. Antes de Quigg pregar a última ripa, Plimpton deu vazão a uma superstição e inseriu uma moeda no interior do peito para trazer boa sorte. Era uma moeda romana que havia encontrado na Inglaterra ao cavar seu primeiro fosso de roda.

Em agosto, quando o rio Swift estava em seu nível mais baixo, Quigg voltou sua atenção para a construção da represa. Ela se constituiria de duas rampas idênticas de madeira, projetando-se ligeiramente

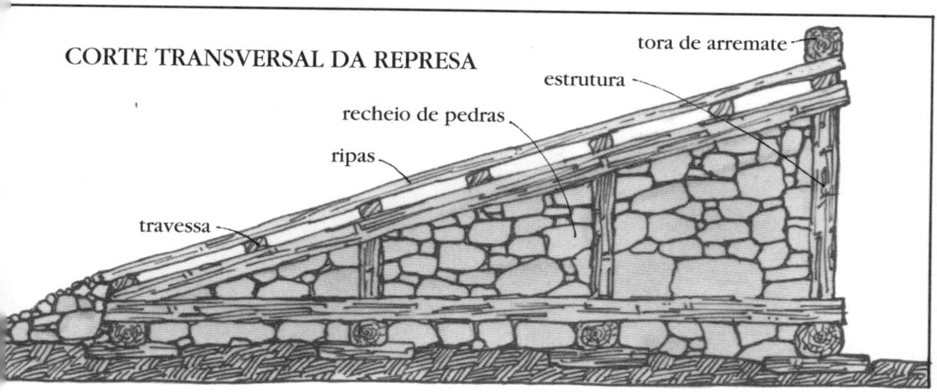

contra a correnteza a partir de esteios de pedra em cada margem. As duas rampas atravessariam as corredeiras inferiores e se encontrariam no meio da correnteza. Cada uma delas se estenderia por mais de sete metros e meio, erguendo-se do leito do rio até uma altura superior a um metro e oitenta. Os trabalhadores juntaram nas margens o material para a construção da estrutura das rampas, mas antes de o colocarem no lugar tiveram de drenar o leito do rio. Isso foi feito por partes, uma seção de cada vez, utilizando-se uma barragem temporária chamada ensecadeira. Ela se estendia de uma das margens até mais ou menos o centro do rio. Era formada por caixotes de madeira enfileirados, com pedras em seu interior para prendê-los ao chão. Colocou-se argila entre os caixotes para melhor vedar a barragem.

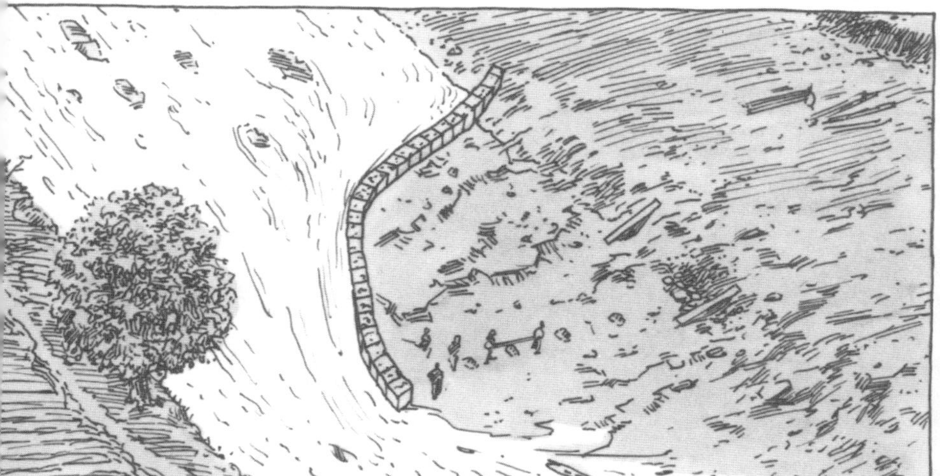

Depois que a água abaixo da ensecadeira foi drenada, limpou-se do terreno os pedregulhos e as pedras soltas, e fixaram-se pesadas toras de madeira em trincheiras escavadas no leito do rio. As toras foram afixadas com vergas de ferro. A estrutura das rampas foi presa a elas por meio de travessas. Depois de encher o espaço dentro da estrutura com pedras, Quigg cobriu a represa com uma camada de ripas. O peso combinado da água e das pedras manteria o dique no lugar. No topo do dique, Quigg afixou uma tora de arremate para reduzir o desgaste na extremidade das ripas. Quando a primeira parte da represa ficou pronta, removeu-se a ensecadeira e repetiu-se o processo no outro lado do rio.

Enquanto a represa estava sendo construída, boa parte do canal adutor era escavado e revestido. Alguns metros de terreno na entrada do canal adutor não foram escavados para evitar que a água entrasse no canal antes que todas as obras no fosso da roda fossem concluídas.

Em determinado ponto do canal adutor, perto do fosso da roda, Plimpton escavou um canal menor, o desaguadouro. Ele seria usado para drenar o canal adutor na hora de reparos e serviria como uma medida de segurança na época de enchentes.

Em setembro, concluíram-se as obras de alvenaria e a maior parte da madeira já havia chegado. Enquanto as ripas eram cortadas na serraria, Quigg e alguns de seus assistentes prepararam as traves e os pilares de madeira, dando-lhes a forma e o tamanho adequados.

Muitas das peças de madeira deveriam ser presas umas às outras por um sistema de espigas e encaixes. As espigas são saliências talhadas na madeira para se ajustarem em fendas correspondentes, os encaixes. Cada conexão seria então reforçada por uma cavilha de madeira chamada tarugo. Antes da montagem final da estrutura, as espigas, os encaixes e os tarugos eram cortados ou talhados, e checados para ver se se encaixavam com precisão.

Ao ser concluída, a fundação recebeu por cima pesadas vigas de madeira, as vigas de sustentação. Traves para a sustentação do assoalho eram presas por encaixe a essas vigas, correndo paralelas entre si e cruzando toda a largura da fundação. Pilares de pedra sustentavam o centro dessas traves. Vigas menores, as vigotas, ligavam as traves principais e sustentavam duas camadas de ripas de dois centímetros e meio de espessura que formavam o assoalho.

O esqueleto da construção se constituiria de uma fileira de estruturas paralelas de madeira de nove metros e catorze de largura, unidas por enormes vigas horizontais. O espaço entre essas estruturas quadrangulares, chamado vão, media aproximadamente dois

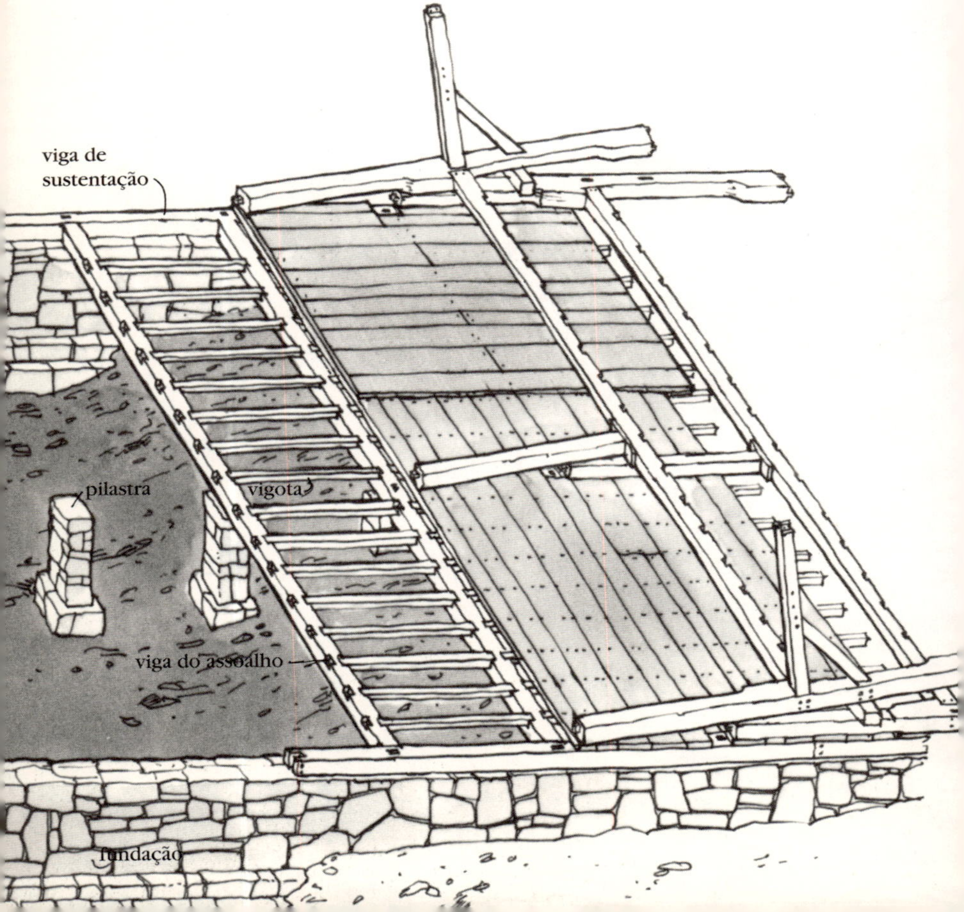

metros e trinta. Começando por uma das extremidades do assoalho, os trabalhadores montavam essas estruturas e as deixavam perto do lugar onde seriam afixadas.

Na noite do dia 31 de agosto, enquanto os últimos pedaços da última estrutura estavam sendo montados, uma diligência salpicada de lama parava no pátio atrás da taverna Eagle. Plimpton estava lá para dar boas-vindas a Wicks e aos irmãos Chaney, que chegaram para assistir ao levantamento da estrutura no dia seguinte.

Quando Wicks e os Chaney chegaram ao local da obra, já se encontravam ali aglomerados mais de cento e cinqüenta pessoas das fazendas locais. Enquanto alguns dos fazendeiros haviam-se recusado a ajudar a construir uma fábrica em sua área rural, outros estavam felizes em contribuir para a criação de um novo mercado para seus produtos agrícolas e serviços especializados.

Assim que os visitantes se acomodaram, Quigg deu a ordem para que fosse erguida a primeira estrutura. Esse trabalho foi executado lenta e cuidadosamente, com o auxílio de cordas e polias ligadas a uma tora provisoriamente fincada em posição vertical chamada de estaca-guindaste. As espigas abaixo de cada trave foram delicadamente inseridas nos encaixes correspondentes nas vigas de sustentação. Depois de colocada de pé, a estrutura foi mantida naquela posição enquanto a seguinte era erguida com o auxílio da estaca-guindaste e de varas, chamadas de piques, individualmente

empunhadas. Ambas as estruturas foram ligadas à altura do segundo andar por duas vigas horizontais chamadas sarrafões, e à altura do sótão por outras duas vigas chamadas chapas. As chapas foram presas por meio de vigas que atravessaram o moinho por toda a sua largura e que ligavam firmemente as extremidades das traves de cada estrutura. Para reforçar a solidez dessas estruturas, fez-se um vigamento diagonal. Esse processo foi repetido ao longo do comprimento do edifício, e ao final da tarde todo o esqueleto da obra estava montado.

Tão logo foi colocada a última cavilha, todo o grupo se pôs a comemorar entusiástica e espontaneamente. Pouco depois teve início uma festa animada, que só terminou quando acabaram as bebidas e a comida. Era quase uma da manhã quando os últimos trabalhadores vaguearam de volta até suas respectivas fazendas e celeiros.

sarrafão
chapa
monitor de alç
entaboamento
vertical
tabuado de fasqu

Na manhã da segunda-feira, quando Plimpton chegou à obra, parte da estrutura já havia sido coberta por um grosso taboamento vertical, e Quigg prosseguia escalando o segundo andar de um lado e de outro, supervisionando sua construção.

Ao concluir-se o sótão, partes da estrutura do teto foram içadas até ele, montadas, e então erguidas. Quando toda a estrutura ficou pronta, foi coberta por uma camada de ripas seguida por uma camada de telhas de madeira sobrepostas umas às outras. À medida que cada parede de pranchas verticais ia sendo concluída, era vedada com uma camada sobreposta de ripas horizontais, as fasquias, e pintada de amarelo.

A superfície interna do taboamento vertical foi coberta por tiras de madeira, chamadas sarrafos, em cima das quais aplicou-se uma espessa camada de gesso logo após as janelas terem sido instaladas.

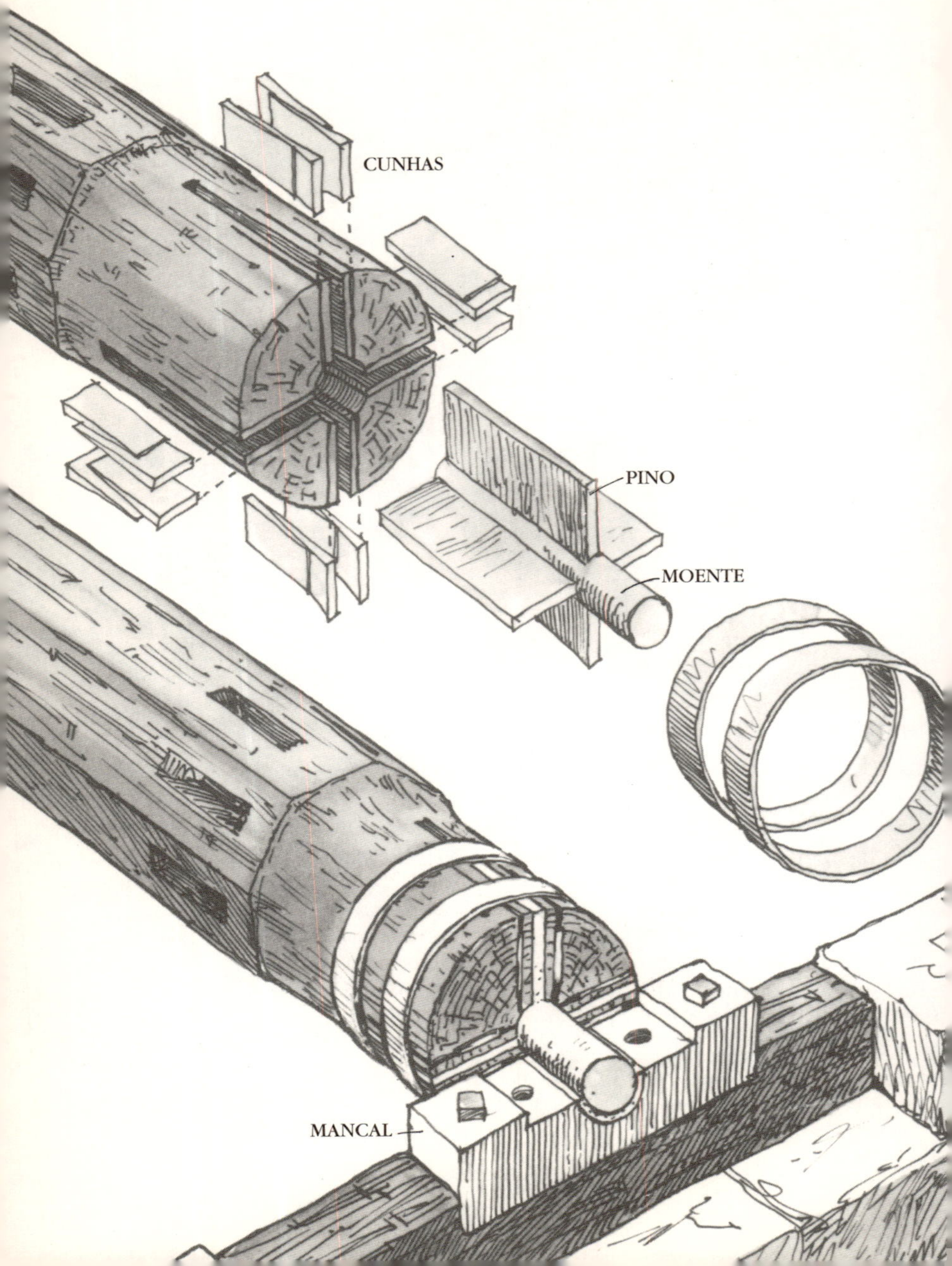
CUNHAS
PINO
MOENTE
MANCAL

Enquanto Quigg supervisionava a construção do edifício, Plimpton se concentrava na roda hidráulica. Ela devia se encaixar no fosso o mais perfeitamente possível, de maneira que, antes de ser cortada, cada peça tinha seu tamanho e formato duplamente checados. O eixo de madeira que sustentaria o peso da roda foi a primeira peça a ser talhada. Os raios vieram a seguir, sendo inseridos em ranhuras em torno de cada extremidade do eixo. Os aros da roda, compostos de grossos segmentos de madeira chamados pinas, foram construídos para unir todas as extremidades dos raios. Plimpton mandou que fossem entalhados na parte de dentro das pinas sulcos cuidadosamente medidos. Esses sulcos receberiam as pranchas que serviriam como a parte da frente das caçambas.

Uma extensão de ferro, o pino, foi introduzida em sulcos em cada uma das extremidades do eixo. Tiras de ferro reforçaram a fixidez dos pinos. A extremidade cilíndrica desses pinos, que se projetava para fora do eixo e se chamava moente, giraria dentro de um mancal de ferro. Cada mancal foi revestido de bronze, para reduzir o atrito, e preso a uma das vigas em cada lado do fosso da roda. Assim que o eixo foi colocado no lugar e nível corretos, os trabalhadores inseriram os raios e montaram os aros.

O espaço entre os aros foi circundado por uma superfície contínua de ripas semelhante a um barril chamada solado. Esse não apenas unia os aros da roda, mas servia como parte dos fundos de cada caçamba.

As partes da frente das caçambas foram as últimas peças a serem montadas. Antes de cada prancha ser inserida nos sulcos entalhados nos aros, perfuraram-se dois buracos em cada uma delas. Cada buraco foi coberto com um retalho de couro na parte de dentro das pranchas. Eles funcionariam como válvulas, que se fechariam automaticamente assim que a água entrasse nas caçambas. As válvulas tornariam a se abrir com a saída da água, impedindo a formação de um vácuo quando a caçamba emergisse do fosso, o que prejudicaria a saída da água e retardaria o movimento da roda.

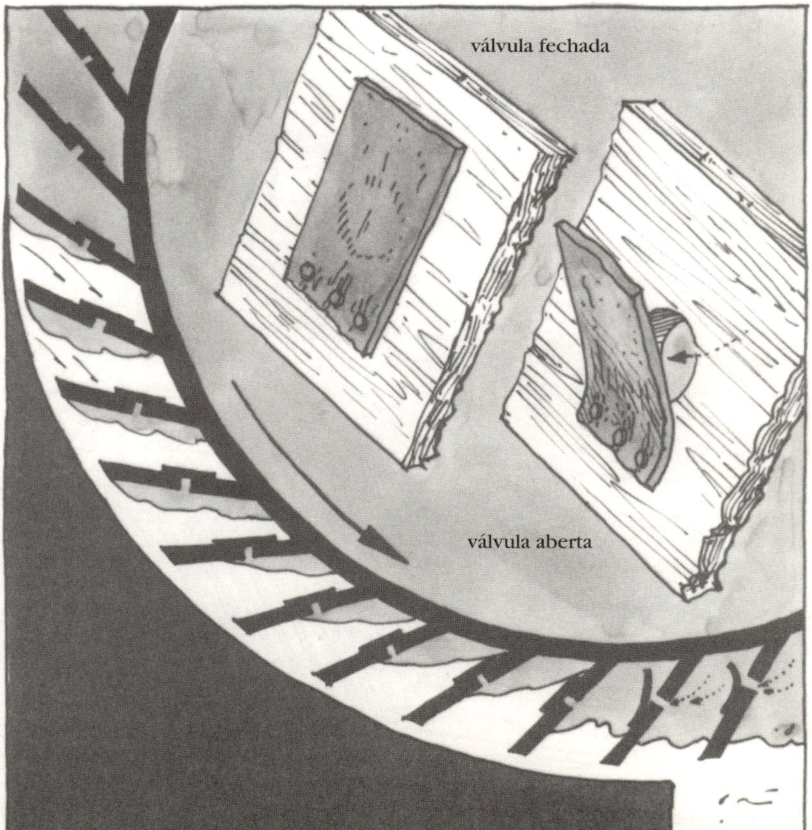

Quando a roda hidráulica foi concluída, construiu-se por cima do fosso a casa da roda.

No final do canal adutor, pouco antes do fosso da roda, foram instaladas comportas de madeira para controlar a quantidade de água fluindo para dentro das caçambas e, desse modo, a velocidade da roda hidráulica. Uma grade feita de tiras de madeira inclinadas e bem juntas, chamada grade de lixo, foi instalada em frente às comportas para impedir a entrada de entulhos que pudessem causar danos à roda ou ao peito do fosso.

Em outubro, a extremidade superior do canal adutor foi escavada e revestida. Em sua entrada, Plimpton colocou uma tora chamada barragem de lixo, que foi presa a ambas as margens do rio para proteger o canal adutor, impedindo a entrada de entulhos.

Os eixos do sistema mecânico de transmissão seriam de madeira, mas as engrenagens seriam moldadas em ferro fundido. A primeira foi instalada em segmentos na parte de dentro do aro da roda hidráulica, na parte que ficava mais próxima ao edifício. Seus dentes, apontados para o eixo horizontal da roda, faziam girar uma engrenagem menor chamada pinhão.

O pinhão foi conectado a um segundo eixo horizontal que se estendia até uma área que ficava embaixo do chão do moinho. Na extremidade oposta desse eixo havia uma grande engrenagem cônica na posição vertical. Os dentes de seu aro oblíquo foram projetados para se encaixar nos dentes de uma outra engrenagem cônica horizontalmente posicionada na base de um eixo vertical.

Os eixos horizontais e verticais do moinho eram constituídos de diversos segmentos ligados uns aos outros em suas extremidades. Isso tornava mais fácil a instalação e o conserto dos eixos. Uma barra de ferro quadrangular era colocada na extremidade de cada seg-

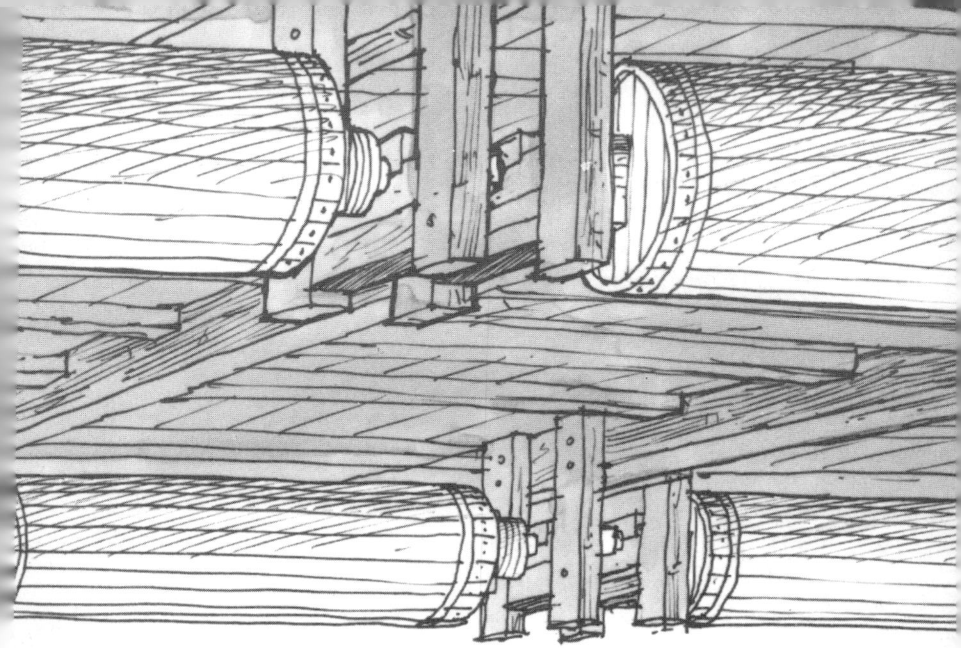

mento do eixo. Duas barras eram então unidas por uma braçadeira quadrangular, o acoplador. Um moente era cortado em cada uma das barras para que elas pudessem girar em seus mancais.

Na extremidade do moinho onde ficava a casa da roda, Quigg havia construído uma sólida estrutura de madeira que ia do primeiro andar até o sótão, para sustentar o eixo vertical do sistema mecânico de transmissão e mantê-lo alinhado.

Uma vez instalados o eixo vertical e suas engrenagens, Plimpton pendurou dois eixos de transmissão no teto de cada um dos andares principais. Em torno das seções dos eixos foram construídos estreitos tambores de madeira sobre os quais correriam as correias do sistema mecânico.

Enquanto o sistema mecânico de transmissão estava sendo construído, a roda hidráulica foi desativada. Era quase dia de Ação de Graças quando Plimpton tornou a abrir as comportas. Pouco a pouco a roda foi atingindo sua velocidade operacional, e assim também o sistema mecânico de transmissão. O moinho sacolejou ligeiramente e encheu-se de um estrondoso rangido. Todos os trabalhadores largaram suas ferramentas. Os mais céticos chegaram a deixar a construção. Mas Plimpton ficou bastante satisfeito com as vibrações e Quigg jamais teve dúvida de que sua estrutura agüentaria o que Zachariah exigisse dela.

Com a instalação das janelas de vidro e dos fornos de ferro e a caiação da madeira e do gesso no interior do edifício, a obra foi concluída. Em dezembro chegou a maior parte das peças que compunham as máquinas; a montagem se deu durante o inverno.

As máquinas compradas por Plimpton eram equipadas com duas polias idênticas, localizadas lado a lado, numa das extremidades de seus eixos horizontais. Uma delas ficava permanentemente fixa em relação ao eixo e a outra girava livremente em torno dele.

Acoplada a cada máquina, próxima às polias, havia uma alavanca chamada deslocador de correia. A correia de couro vinda de um dos eixos de transmissão, que só paravam de girar quando a roda hidráulica era desativada, era colocada primeiro em torno da polia solta. Para ligar a máquina, seu operador tinha apenas de empurrar a alavanca que deslocava a correia da polia solta para a fixa.

Em março, Plimpton distribuiu os primeiros fardos de algodão entre várias fazendas das redondezas, onde o algodão foi limpo por um processo chamado de refinamento. Embora as sementes já tivessem sido removidas na própria plantação por uma máquina chamada descaroçador de algodão, os fardos ainda continham galhos, folhas, insetos e sujeira. O refinamento consistia em colocar o algodão cru em cima de uma estrutura de madeira e bater nele com uma vara para liberá-lo dessas impurezas. O algodão limpo foi devolvido ao moinho, sendo misturado com algodão limpo de outros fardos para que se produzisse um material mais homogêneo.

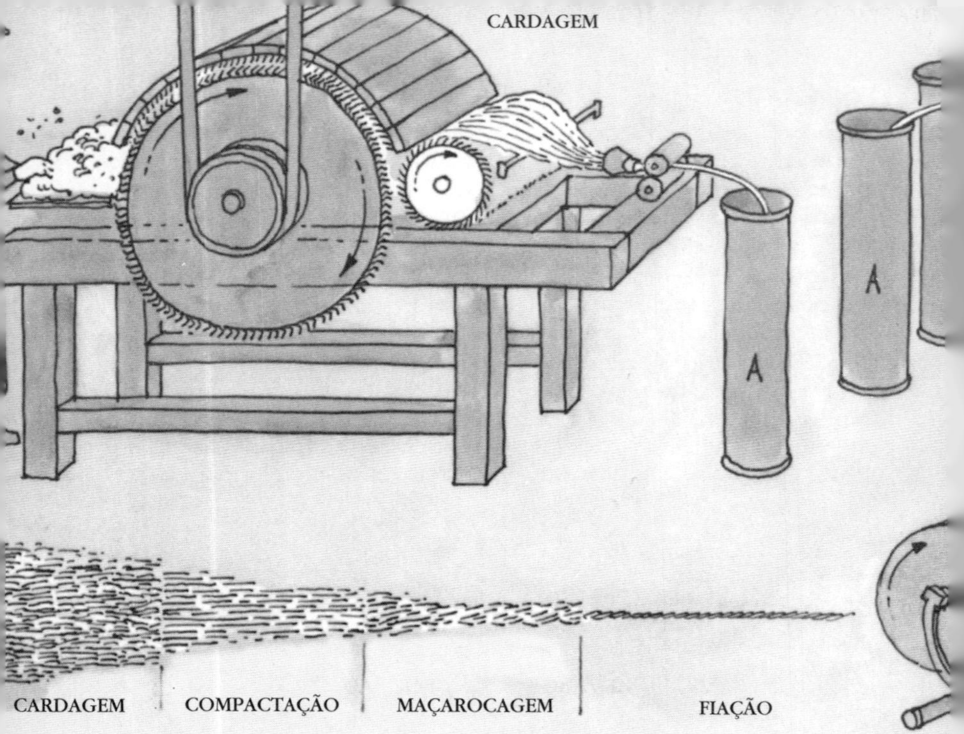

Em abril, a maior parte da maquinaria já havia sido instalada e Plimpton estava ansioso por testá-la. Primeiro, ele alimentou a máquina de cardar com algodão misturado. Nela, o algodão passava entre dois tambores de dentes de arame que desemaranhavam e alinhavam suas fibras. O que emergia do outro lado da máquina, com todas as suas fibras correndo mais ou menos paralelas entre si, era uma espécie de corda frouxamente torcida chamada mecha. A seguir, Plimpton colocou algumas mechas dentro de uma máquina para combiná-las e compactá-las, formando uma mecha única e mais forte. Ele repetiu esse processo de compactação algumas vezes. A mecha resultante foi colocada numa maçaroqueira, que a compactou e, à medida que a mecha ia sendo depositada num recipiente rotativo chamado latão de maçaroca, deu-lhe um leve torcimento. A maçaroca, como o algodão era chamado nesse estágio, foi então removida do latão e enrolada num carretel.

Quando se obteve um número suficiente de carretéis cheios, esses foram levados para o andar de cima, para uma máquina de fiar chamada fiadeira de ação contínua, que dava seguimento ao

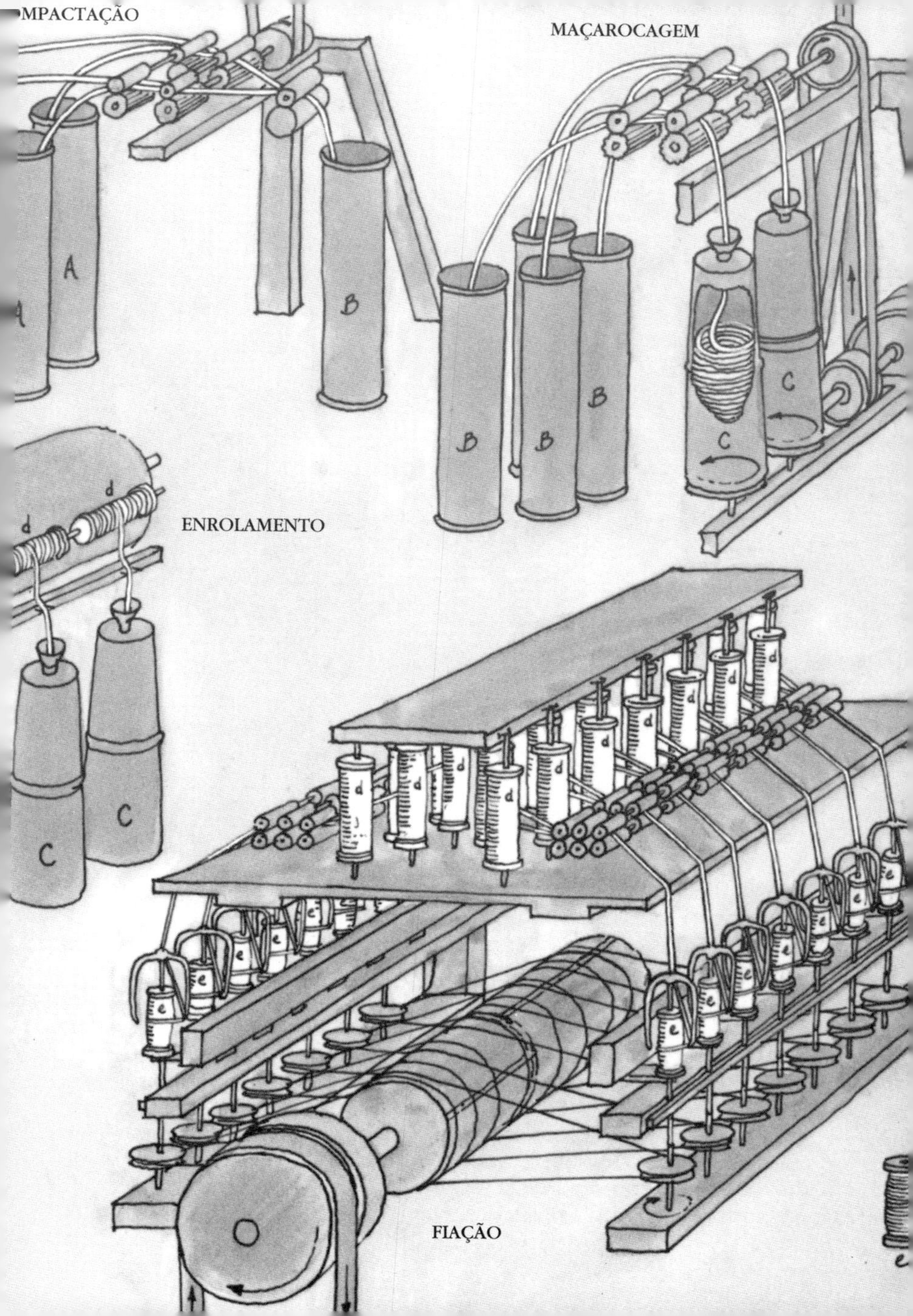
MPACTAÇÃO
MAÇAROCAGEM
ENROLAMENTO
FIAÇÃO

processo de compactação, refinando-o; agora, o trabalho de fiação e torcimento era feito com mais força à medida que a máquina ia enrolando o fio pronto em um outro carretel enfiado em um de seus setenta e dois fusos. Os fios desses carretéis foram então atados uns aos outros, formando grandes rolos chamados novelos, prontos para serem entregues a um dos muitos tecelões que fabricariam o tecido.

Enquanto Plimpton montava e testava as várias máquinas, Quigg supervisionava a construção de edifícios menores localizados em torno do moinho. Entre eles se incluíam um barracão de armazenagem e, um pouco mais afastado, um banheiro. Entre o moinho e a estrada principal, construiu duas casas de madeira idênticas para os trabalhadores do moinho e um chalé de pedra para Plimpton.

Em meados de abril, restavam apenas alguns poucos trabalhadores na obra, e dois deles pediram para trabalhar no moinho. No dia 29 de abril, Quigg e os demais construtores foram embora para trabalhar num novo moinho a ser erguido dez quilômetros rio acima.

No dia seguinte, uma viúva chamada Lucy Tripp chegou com seus cinco filhos. Eles rapidamente se instalaram em uma das casas de madeira. Plimpton contratara a sra. Tripp para tomar conta de uma das casas e alojar dois hóspedes. Um deles era Luther Daggett, que fi-

caria encarregado de supervisionar o setor de fiação. As crianças, cujas idades variavam de seis a treze anos, trabalhariam no moinho.

A segunda casa foi ocupada pelo casal Resolved Sparrow e três filhas adolescentes. A sra. Sparrow hospedaria dois pensionistas que, junto com suas filhas, trabalhariam no moinho. O sr. Sparrow executaria pequenos serviços no moinho e administraria o armazém da companhia, localizado numa das extremidades do barracão de armazenagem. Lá os trabalhadores poderiam comprar o que não pudessem plantar ou fabricar. Embora os salários fossem calculados em dólares e centavos, boa parte do pagamento dos empregados seria feito em produtos do armazém da companhia. Enquanto Plimpton calculava o salário dos trabalhadores, Sparrow registrava os gastos feitos por eles no armazém, e uma vez por mês um total era subtraído do outro. Ao final de cada ano, qualquer quantia devida ao empregado seria paga em dinheiro.

Luther Daggett receberia oitenta e cinco centavos por dia, enquanto os demais trabalhadores setenta e cinco. As mulheres ganhariam trinta e cinco centavos e as crianças quinze centavos em média. Por suas casas e pelos pequenos lotes de terra que as acompanhavam, a sra. Tripp e o casal Sparrow pagavam ao moinho cerca de vinte dólares por ano. A sra. Tripp também pagava a um fazendeiro doze dólares ao ano para cuidar da vaca da família e alimentá-la.

No dia 25 de junho de 1811, as primeiras sacas de algodão fiado foram depositadas no vagão de Elisha Crawford. Crawford, que trabalhava para diversos moinhos de fiação, fora contratado para distribuir o algodão fiado entre vários tecelões, alguns dos quais viviam em áreas bem longínquas, como Connecticut. Ele também traria o tecido manufaturado ao moinho. Após receber a aprovação de Plimpton, o tecido seria enviado a um comerciante em Providence.

Trechos do diário de Zachariah Plimpton

1811	4 de julho	Dia da Independência. Todos os empregados de folga. Consertei e lubrifiquei uma das fiadeiras e escrevi a meu irmão.
	5 de julho	Os meninos tocaram o sino às cinco da manhã. Os empregados foram embora às sete da noite.
1812	24 de junho	A srta. Abigail Chaney e eu nos unimos no sagrado matrimônio às nove e meia da manhã em Providence.
	7 de julho	Esta guerra com a Inglaterra me parece absolutamente desnecessária, embora acredite que vá aumentar a procura por nosso algodão fiado.
1813	6 de março	O pino do eixo vertical tornou a quebrar. Enviei-o à fundição para que fosse trocado.
	6 de julho	A sra. Plimpton e eu fomos abençoados com o nascimento de nosso primeiro bebê, uma menina. Nós a chamamos de Mary em homenagem à minha mãe.
1814	3 de maio	Por vinte e cinco centavos semanais além de seu salário, Ned Talbot concordou em remover a graxa antiga dos pinos da roda hidráulica, das principais engrenagens e da maquinaria e depois tornar a lubrificá-las.
	3 de agosto	Nosso filho William nasceu às três e quinze da manhã de hoje. Ele e a sra. P. estão em excelentes condições de saúde.
	30 de dezembro	A lenha está no fim. Encomendei mais dez medidas a J. Spencer, que ofereceu os melhores preços.
1815	10 de abril	Anna Tripp, de doze anos, perdeu três dedos hoje alimentando a máquina de cardar. Instruí todas as crianças a tomarem mais cuidado.
	6 de junho	Foi instalada a nova máquina para a limpeza do algodão. O serviço não terá mais de ser executado fora.
	17 de agosto	Agradecemos ao Senhor pelo nascimento, hoje, de nossa segunda filha, Ruth.
	13 de novembro	Já foram canceladas este mês três encomendas do nosso fio. Meus antigos compatriotas estão me levando à ruína com sua grande quantidade de pano barato. Seria melhor se estivéssemos em guerra de novo. Já ouvi falar do fechamento de dois moinhos.
1817	27 de março	O sr. Wicks e alguns de seus sócios receberam permissão para construir e administrar uma estrada com pedágio. Ela vai passar por perto e facilitar bastante o transporte de nossos produtos.
	22 de outubro	Demos ao nosso segundo filho o nome Zachariah. Ele parece mais frágil que seu irmão e suas irmãs.
	25 de dezembro	O sino tocou às seis da manhã. Passei duas horas tirando o gelo da roda hidráulica e das comportas. Todas as máquinas em funcionamento por volta das oito e meia.
1818	1º de setembro	Samuel, nosso terceiro filho, nasceu hoje. A nova casa está quase pronta, graças a Deus!
	16 de novembro	Sarah Tripp foi embora hoje. Foi trabalhar na Boston Manufacturing Company, em Waltham.
1819	11 de janeiro	Deus levou Zachariah de nós, depois de duas semanas de crupe. Coube a mim a triste tarefa de cavar sua pequena cova embaixo do olmo que fica atrás da casa. Encomendarei uma lápide a Fletchers.

Trechos de uma carta de Selinda Sparrow a sua irmã em Pomfret, Connecticut

Abril de 1819

Querida Prudence,

Ficamos todos muito felizes com a ótima notícia e esperamos que o bebê esteja bem. Acho Selinda um nome perfeito para ela e estou bastante lisonjeada. As coisas não mudaram muito por aqui desde sua partida. O pobre filhinho do sr. e da sra. Plimpton morreu no começo do ano. O sr. Plimpton ficou muito abalado, mas parece estar um pouco melhor agora. Acho que o moinho ajuda a distrair sua mente. Felizmente a sra. Plimpton tem as outras crianças para mantê-la ocupada... Sarah Tripp escreveu de Waltham e perguntou por você. Ela está agora operando três teares e ganhando mais de um dólar para cada cem metros de tecido. Não tenho esperanças de ganhar o mesmo aqui e muitas vezes penso em juntar-me a ela em Waltham... Mas ela também se queixa do barulho na sala de tecelagem. Embora nosso moinho não seja lá tão silencioso, imagino que seja mais calmo que o de Waltham. Meus tornozelos já não incham mais com a mesma freqüência, e a doença da qual mamãe lhe falou parece ter ido embora... Ned, que agora trabalha na oficina mecânica, anda me visitando.

Trechos do diário de Zachariah Plimpton

1820	15 de abril	Hoje os sócios decidiram fabricar apenas fio de qualidade inferior para ser usado na tecelagem de "pano de negro", um tecido com o qual os cavalheiros das plantações do sul vestem seus escravos.
1823	15 de março	Instalei dois teares mecânicos no terceiro andar; eles funcionarão usando o eixo de transmissão do segundo andar.
1825	19 de agosto	A igreja foi atingida por um raio ontem à noite, sendo totalmente destruída pelo fogo.
	24 de setembro	Graças a uma generosa doação do sr. Wicks, pudemos erguer hoje a estrutura da nova igreja.
	25 de setembro	Esta manhã assistimos ao culto na nova estrutura da igreja.
1827	30 de setembro	Ventania terrível por toda a noite. A serraria e o moinho de pisoagem foram bastante danificados. O rio encheu e derrubou a ponte.
	4 de outubro	O sr. Wicks está pensando em construir para nós uma boa ponte de pedra. Atualmente tenho de fazer uma viagem de oito quilômetros para atravessar o rio.
1828	14 de agosto	A nova ponte é espetacular. Algumas pessoas vêm chamando nossa pequena comunidade de Wicksbridge. O sr. W. parece bastante satisfeito.
	30 de setembro	A conclusão do canal Blackstone, a apenas cinco quilômetros de distância, contribuiu mais ainda para solucionar nossos problemas de transporte.
	14 de novembro	A fortuna do sr. W. sofreu um grande revés. Perda de mercadorias no Oriente obrigaram-no a vender suas cotas no Moinho Amarelo. O sr. Sylvanus Chaney e eu nos oferecemos para comprá-las.
1829	22 de maio	O sr. Zenus Chaney morreu no começo desta semana de febre pulmonar.
	6 de junho	O sr. Sylvanus informou-me que herdou todas as ações de seu irmão. Meu sogro e eu somos agora os únicos sócios do Moinho Amarelo.

O Moinho de Pedra

Uma crise econômica em 1829 provocou o fechamento de muitos moinhos têxteis. Para poder sobreviver, Zachariah Plimpton reduziu a produção do Moinho Amarelo. No outono de 1830, porém, as coisas haviam mudado de forma dramática e ele não conseguia mais dar conta da demanda. Como o número de escravos nas plantações do sul continuava a crescer, a produção do "pano de negro" foi se tornando cada vez mais lucrativa. Por insistência de Waldo Ripley, um comerciante de tecidos e amigo da família Chaney em Nova York, Zachariah e Sylvanus decidiram em outubro construir um novo moinho que seria ao mesmo tempo de fiação e tecelagem. Ele teria dois mil fusos, sessenta e seis teares mecânicos e todo o equipamento necessário para fazê-los funcionar.

Quando o projeto da maquinaria ficou pronto, foi esboçada a planta de um edifício de pedra de trinta metros e meio de comprimento por treze metros e oitenta de largura. O prédio teria três andares, um subsolo e um sótão. Para obter maior espaço para as máquinas e reduzir a possibilidade de propagação de incêndio de um

andar para outro, as escadas seriam construídas dentro de uma grande torre de pedra que se projetaria da parte da frente do moinho. A torre teria uma plataforma de carregamento para cada andar. Para economizar o tempo com idas a um banheiro fora do prédio, seria instalado um toalete para cada andar numa torre de madeira ligada à parte dos fundos do edifício. Um escoadouro saindo de cada um dos banheiros desembocaria no canal de descarga.

Enquanto os três andares principais seriam iluminados por grandes janelas, o sótão seria servido pelas pequenas janelas de um clerestório. Chamava-se monitor à parte mais elevada de um telhado; o clerestório era o espaço intermediário entre o monitor e a parte mais baixa e exterior do telhado.

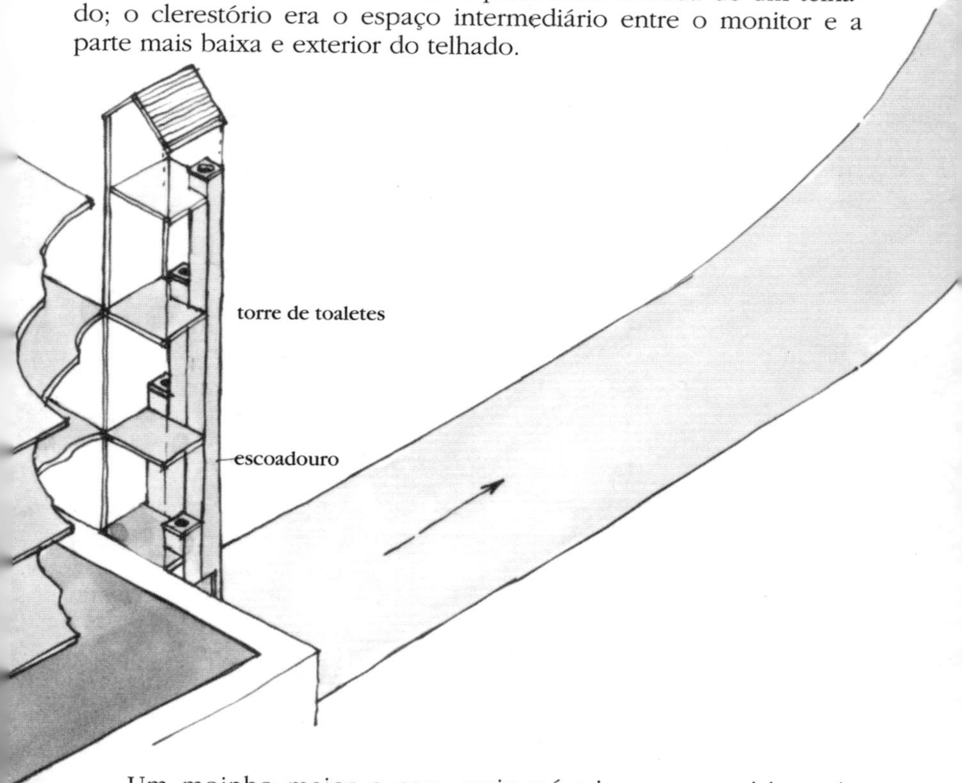

Um moinho maior e com mais máquinas consumiria mais energia. Era preciso escolher um local à margem do rio que fornecesse uma cabeça maior. Plimpton calculou que poderia criar essa cabeça construindo um canal condutor que sairia das cachoeiras e se estenderia por setecentos metros rio abaixo até o fosso da roda.

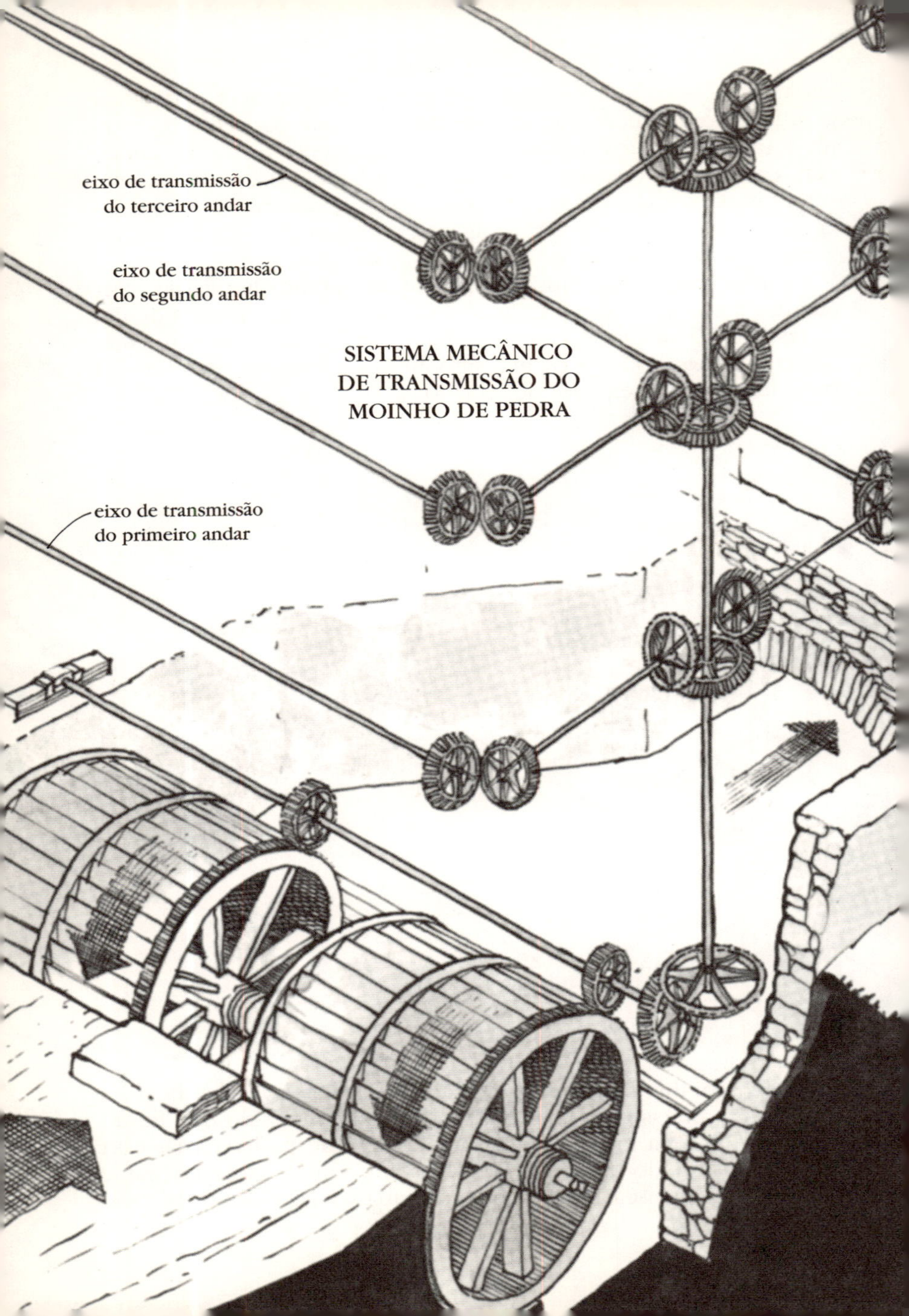
eixo de transmissão
do terceiro andar
eixo de transmissão
do segundo andar
SISTEMA MECÂNICO
DE TRANSMISSÃO DO
MOINHO DE PEDRA
eixo de transmissão
do primeiro andar

Para evitar a interferência dessa obra no canal condutor do moinho de cereais, Plimpton propôs que o novo moinho fosse construído em frente do Moinho Amarelo, na margem oposta do rio. Comprou o moinho de pisoagem e seus direitos de uso da água, garantindo assim um fluxo d'água adequado ao novo moinho.

Plimpton planejou gerar mais energia para o Moinho de Pedra instalando duas rodas hidráulicas. Seriam rodas de peito supra-axial, aptas a aproveitar mais eficientemente a maior queda vertical. Embora as rodas fossem girar em fossos diferentes, seriam conectadas ao mesmo eixo vertical do sistema mecânico de transmissão. Dessa vez, os eixos e as engrenagens seriam feitos de ferro fundido.

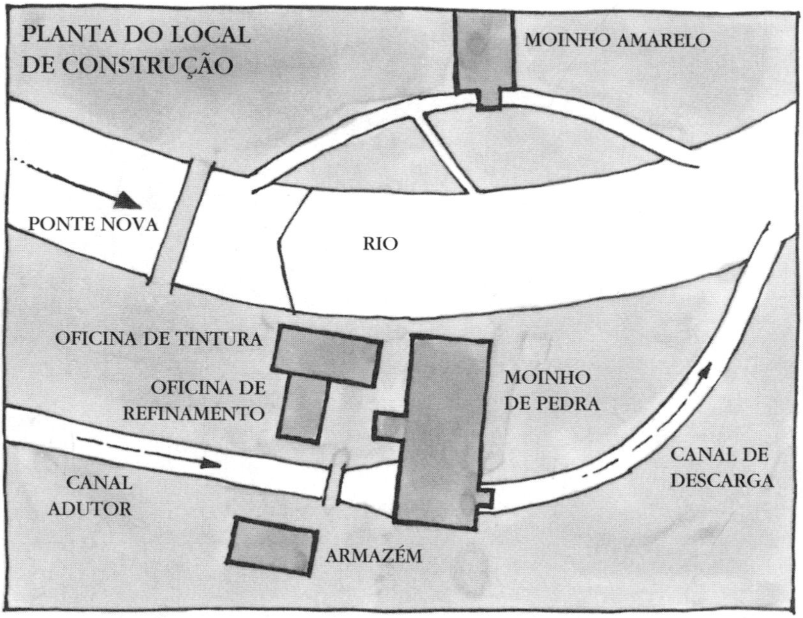

Plimpton planejou construir prédios de dimensões menores perto do moinho. O primeiro, a ser feito de pedra, seria a oficina de refinamento. Ele decidira transferir a operação de limpeza do algodão para outro local por causa do risco de incêndio trazido pelas lamparinas de óleo de baleia e partículas de algodão e pó suspensas no ar. Também planejou um armazém e uma oficina de tintura onde os fios pudessem ser tingidos antes de tecidos.

Projetou-se uma nova ponte de madeira cortando o rio logo acima da represa. Até ser concluída, o trajeto do Moinho Amarelo à nova obra seria feito através da ponte de pedra, cobrindo quase 1,5 km de percurso.

Em março, a maior parte do material de construção já havia chegado ao local da obra. Os itens que vinham de Providence foram levados de barco pelo canal de Blackstone até onde era possível e transportados em carretas e trenós o resto do caminho. Mais trabalhadores chegaram em abril, e ao final do mês o canal de descarga estava sendo escavado.

Em meados de junho, a fundação do moinho começou a ser construída. Para sustentar o tremendo peso das paredes de pedra, Plimpton a fez mais larga e profunda do que a do Moinho Amarelo. Na parte do moinho que ficava sobre o canal condutor, o edifício seria sustentado por grandes arcos, constituídos por várias fileiras de pedras cuidadosamente encaixadas e montadas sobre uma estrutura provisória de madeira chamada cimbre. O cimbre só era removido depois que a argamassa colocada entre as pedras, e também em ambos os lados da parede acima do arco, houvesse secado.

Enquanto pedras cortadas eram dispostas no solo para constituir a fundação, Plimpton supervisionava a construção absolutamente precisa das rodas de peito e de seus fossos. Ao terminar essa parte da obra, as vigas do primeiro andar já haviam sido colocadas.

Para reduzir as chances de um incêndio e minimizar os prejuízos que poderia provocar, utilizou um método relativamente novo de construção de assoalho conhecido como técnica de combustão lenta. A idéia básica desse método era restringir ao máximo a utilização de pedaços pequenos de madeira e outros materiais mais combustíveis e fazer uso de vigas maiores que, mesmo quando carbonizadas, ainda são capazes de sustentar grandes cargas. Por essa razão, para as principais vigas da estrutura Plimpton utilizou toras bem pesadas, sustentando-as no centro com uma grossa pilastra de madeira. Um assoalho mais espesso, construído com duas camadas de ripas, dispensou o uso de vigotas, que queimavam rapidamente nos incêndios em moinhos.

Ao colocar o assoalho, utilizou-se mais um refinamento técnico. Foi feito um sulco em ambos os lados das ripas de quatro centímetros e oitenta de espessura que formavam sua primeira camada. Uma tira de madeira denominada ranhura foi inserida com firmeza nos sulcos entre cada par de ripas. Isso, além de bloquear qualquer deslocamento de ar entre elas que pudesse alimentar um incêndio, impedia o vazamento de óleo de um andar para outro, tornando o assoalho bem mais resistente.

Enquanto o assoalho ainda estava em construção, as paredes continuavam a subir. Plimpton recuou o lado interno da parede de cada andar alguns centímetros, criando uma saliência para sustentar as vigas e também reduzir o peso da parede. As paredes em torno do primeiro andar tinham noventa e um centímetros e meio de espessura e eram atravessadas por uma fileira de aberturas retangulares para as janelas. As estruturas das janelas foram instaladas para ficar quase rentes à superfície externa das paredes e os lados de cada recesso dentro do edifício foram construídos em ângulos para receber a maior quantidade de luz possível. Assim que as paredes se elevaram alguns palmos do chão, passou-se a trabalhar em cima de pranchas de madeira, apoiadas num andaime de madeira, que se prendia ao edifício através das aberturas para as janelas.

Ao final de agosto, as vigas do segundo andar já haviam sido colocadas e presas mais firmemente às paredes por meio de vergas de ferro, ou tirantes de união, como eram chamadas.

No verão, Plimpton mandou tapar as fissuras na rampa da represa para evitar vazamentos dispendiosos. Foram usadas ensecadeiras para desviar a água de um dos lados do rio de cada vez, enquanto uma estrutura de madeira chamada armação era enterrada nas fendas e pedras eram colocadas em seu interior. Uma tora de arremate foi colocada na parte mais alta da rampa.

Em novembro, concluiu-se o sótão, e os carpinteiros esforçaram-se para montar e cobrir o telhado antes da primeira nevada. No inverno foram instaladas as janelas, os fornos de ferro fundido e parte da tubulação da chaminé do forno. O lado interno da parede de pedra foi então coberto com uma camada de reboco e depois caiada.

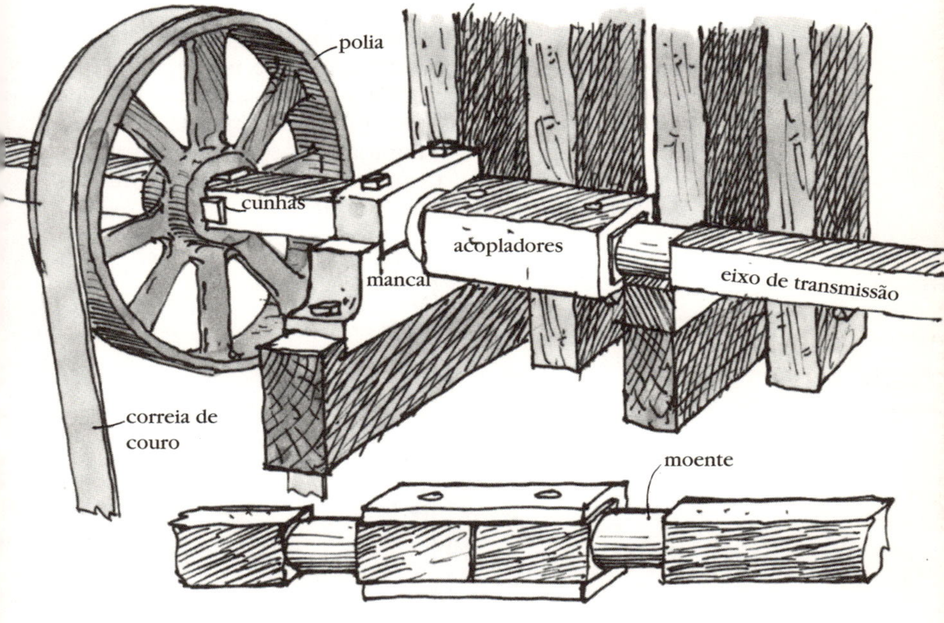

Antes do término da construção, Plimpton instalou uma oficina mecânica no subsolo, onde foram preparados para a futura montagem os componentes do sistema mecânico de transmissão. Os eixos de ferro fundido foram feitos em segmentos de aproximadamente três metros de comprimento e tinham formato quadrangular de seis centímetros e vinte e cinco. Eram ligados uns aos outros por acopladores também quadrangulares. Para que os eixos girassem em seus mancais, foram inseridos moentes perto das extremidades de cada segmento. Além dos tambores de rotação contínua, utilizaram-se nos eixos de transmissão várias polias de ferro fundido.

Ao ficarem prontos o eixo vertical e suas engrenagens, Plimpton instalou sobre o fosso da roda um mecanismo chamado governador de bolas. Ele foi projetado para regular o fluxo de água a entrar nas rodas hidráulicas pelo controle da comporta do fosso, que era automaticamente levantada ou abaixada de acordo com a quantidade de energia exigida pelas máquinas. Sem o governador, as rodas hidráulicas, o sistema mecânico de transmissão e todo o equipamento passariam a trabalhar mais rápido se várias partes do sistema fossem desligadas. Embora a mudança de ritmo fosse leve, seria suficiente para danificar as frágeis mechas e maçarocagens.

Em abril de 1832, o que restou do moinho de pisoagem abandonado foi posto abaixo e o canal adutor se estendeu até o rio. Pesadas comportas de madeira foram construídas na entrada do canal adutor. Na frente das comportas, Plimpton colocou uma barragem de lixo. Na extremidade oposta do canal, uma grade de lixo e um outro sistema de comportas haviam sido instalados.

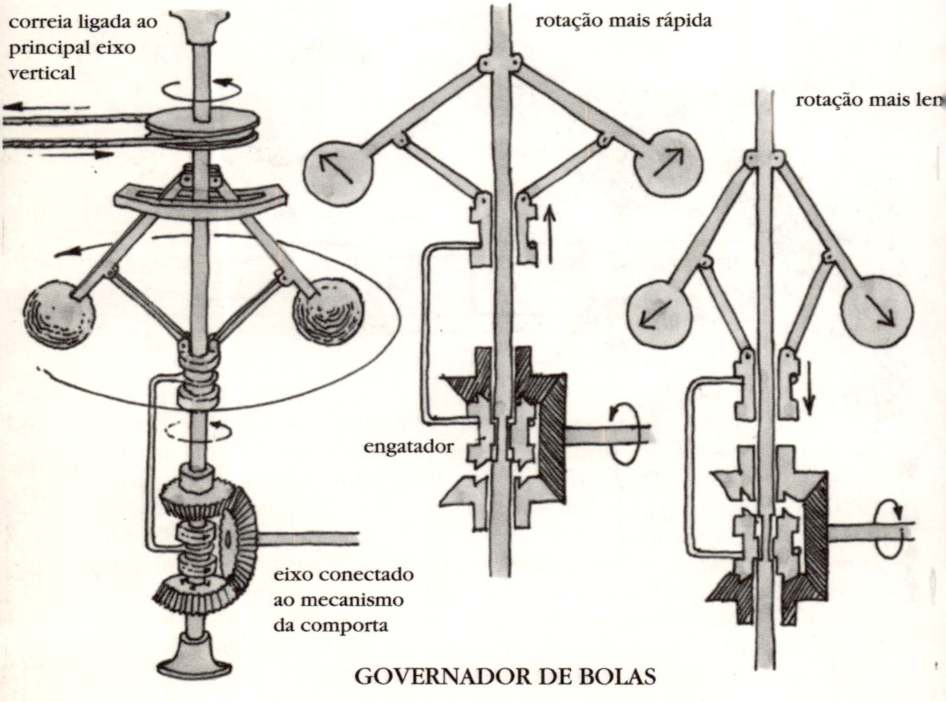

GOVERNADOR DE BOLAS

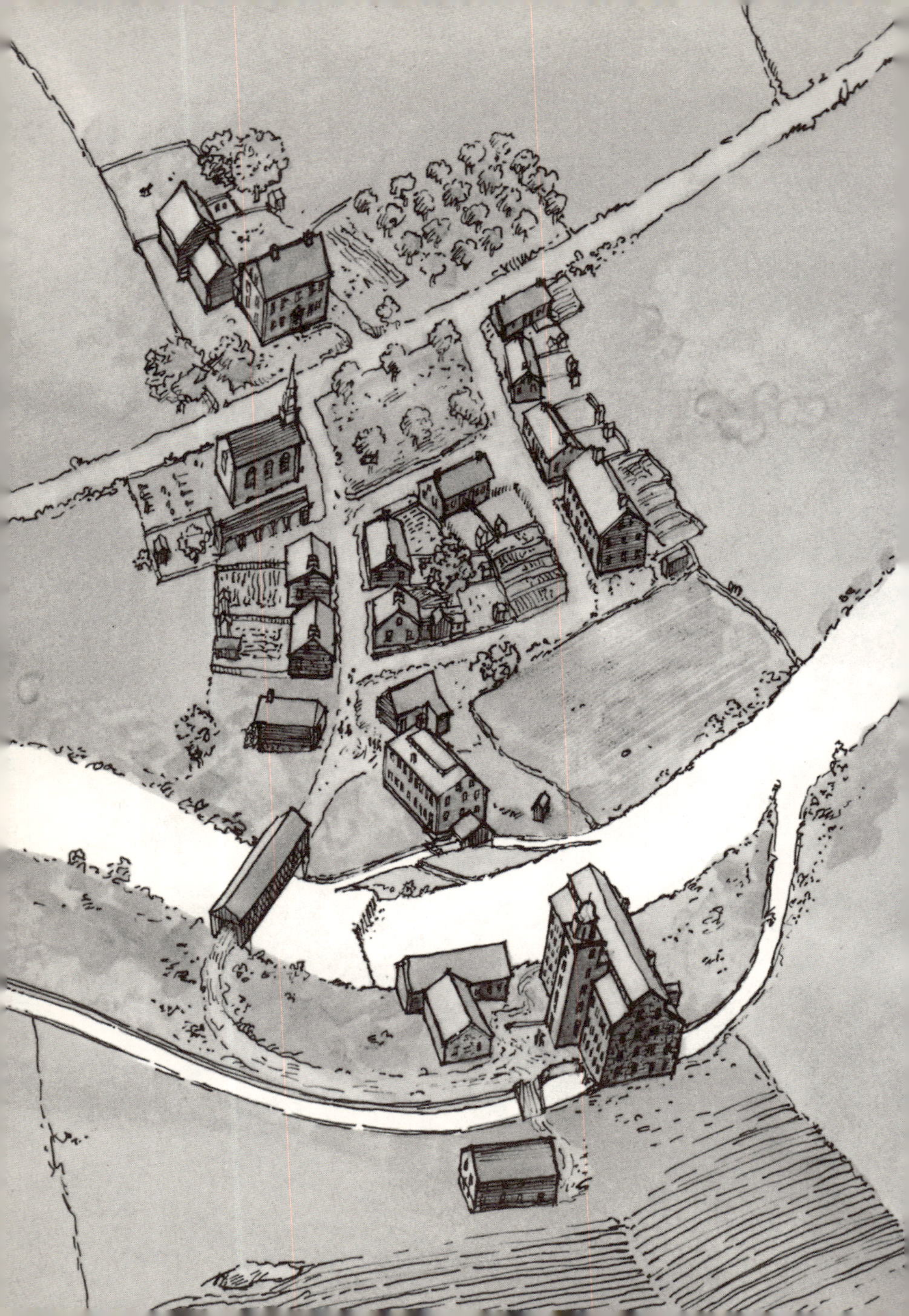

Em maio, enquanto montava-se a maquinaria, a casa de refinamento era concluída. Para reduzir o perigo de incêndio, por baixo das telhas de madeira foi colocada uma fina camada de argamassa.

A maior parte dos quatorze homens, trinta mulheres e vinte e cinco crianças empregados no moinho viveria com suas famílias numa das casas de madeira da companhia, ou, se fossem solteiros, numa pensão. Os edifícios e o armazém da companhia foram construídos à margem do novo caminho entre o Moinho Amarelo e a estrada principal, que Plimpton chamava de Company Street.

Depois de fiado, tratava-se parte do fio com uma solução de amido para deixá-lo mais resistente. O fio era enrolado em cilindros. O cilindro cheio era colocado na parte de trás de um tear. O fio saído do cilindro percorria o comprimento da fazenda e era chamado fio de urdidura. A outra parte do fio era transferida para carretéis menores chamados canelas. Esse fio atravessava o tecido de um lado ao outro, ao longo de sua largura, e era chamado fio da trama.

Foi num dia de junho que Plimpton orgulhosamente assistiu à tecelagem de sua primeira fazenda. Assim que o tecelão deslocou a correia da polia solta para a fixa, duas estruturas de madeira chamadas arneses começaram a puxar para cima ou para baixo os fios de urdidura dispostos alternadamente. O espaço entre os fio de cima e os de baixo era chamado "cabana". Um recipiente de madeira, com pontas de metal em suas duas extremidades, corria a cabana de um lado ao outro, seguindo a largura do tear. Esse recipiente era chamado lançadeira, e em seu interior ia a canela.

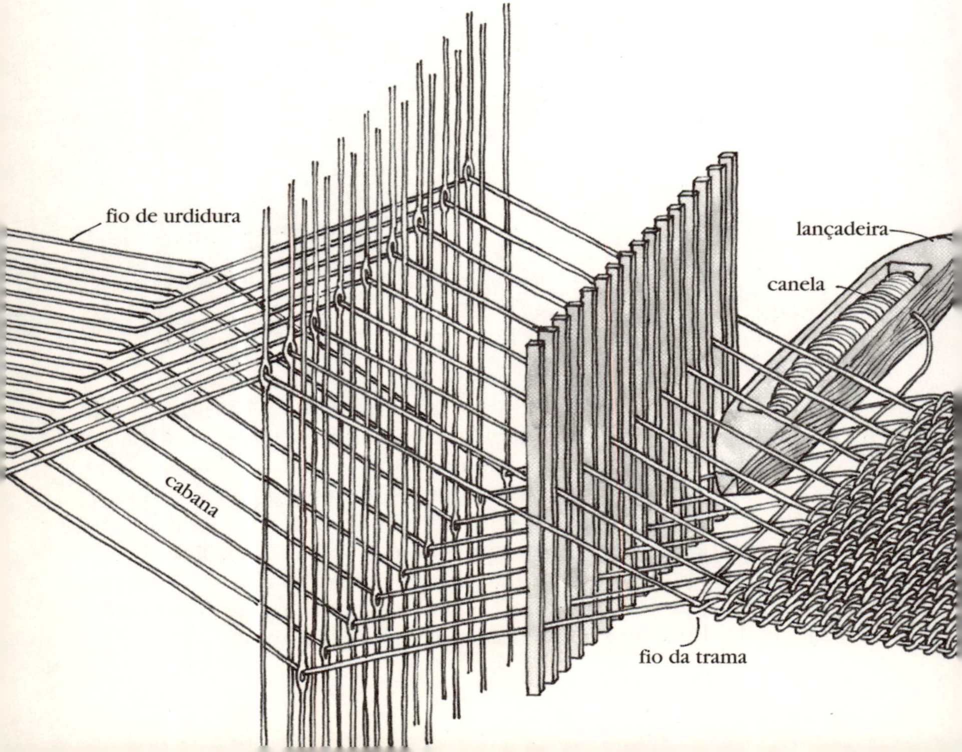

TEAR MECÂNICO

Ao deixar a cabana, o fio da trama que a lançadeira deixava para trás era empurrado em direção ao ângulo formado pelos fios da urdidura que iam para cima e para baixo. Os arneses trocavam de posição, levando os fios da urdidura que estavam em baixo para cima e vice-versa. A lançadeira voltava a passar pela nova cabana, deixando para trás mais uma carreira de fio da trama, que era então firmemente comprimida contra a anterior.

À medida que esse processo se repetia, emergiam do outro lado do tear centímetros e, em pouco tempo, metros de tecido recém-criado, que era recebido por um segundo cilindro localizado na frente do tear. Plimpton entusiasmou-se e proclamou que o Moinho de Pedra estava oficialmente em atividade.

Parte do pano tecido no moinho era vendida no armazém da companhia, que tinha de tudo. O inventário das mercadorias do armazém incluía itens como pentes de marfim, tecidos de lã e algodão, velas, sabão, carne, açúcar, manteiga, sementes e tabaco. A loja também vendia produtos sazonais como batatas, maçãs e melancias.

Em outubro de 1832, Fanny Adams e seu irmão Asa entraram para comprar uma cartilha, um caderno e algumas penas de escrever para exercitarem o que estavam aprendendo no mais recente empreendimento de Zachariah Plimpton – uma escola dominical.

Trechos do diário de Zachariah Plimpton

1833	21 de janeiro	Passei duas semanas na cama com febre, e agora estou bem melhor. Contratei o sr. Ephraim Dodge, de vinte e oito anos, para supervisionar o trabalho diário no moinho. Levo grande fé nele...

Trechos do diário de Ephraim Dodge

1834	23 de junho	Quebrou o eixo principal, peça mal fundida. Todos os trabalhadores parados enquanto nova peça é fundida e forjada. O sr. P. me informou hoje que seu filho William deseja entrar para o moinho e aprender o ofício. Receio que ele seja o menos promissor dos candidatos...
1835	12 de agosto	Não chove há um mês; moinho parado há dois dias por falta de água.
	15 de agosto	Ficamos sem água ao meio-dia; mandei trabalhadores de volta para casa; limpei algumas das máquinas de cardar...
	29 de agosto	Os srs. P. e C. compraram hoje a serraria. Podemos agora desviar mais água para nossas rodas hidráulicas nas estações secas.
	10 de setembro	Chove extraordinariamente há muitos dias. Água represada no fosso impede que a roda hidráulica gire com muita velocidade. Que mês!
1836	24 de outubro	Casei-me hoje com a srta. Mary Plimpton.

Trechos de uma carta de Betsey Oliver a seu irmão, um supervisor no Moinho de Pedra

Southbridge, Massachusetts

16 de abril de 1837

Caro John,

Parece provável que em breve não haja trabalho suficiente para me manter aqui. Algumas das meninas já decidiram ir para Lowell, onde no momento trabalha a irmã de uma delas. Acho que vou ter de largar este emprego muito em breve e gostaria de saber se existe a possibilidade de poder trabalhar na sua oficina. Se não houver vagas na oficina de tecelagem, eu poderia aprender a operar as máquinas de fiar. Se eu puder ser aproveitada, basta você me dizer e eu irei o quanto antes. Talvez você possa aproveitar outras além de mim... Se não tiver trabalho por aí, acho que eu também irei para Lowell... Por favor, me dê uma resposta o mais rápido possível.

Trechos do diário de Ephraim Dodge

1837	13 de maio	O mercado parece estar em sério declínio; hoje tive de dispensar vários empregados e pedir aos que ficaram para supervisionar mais máquinas. Tem havido muita reclamação por parte dos trabalhadores.
	17 de maio	Fui acordado às duas e meia da manhã com o barulho da queda de um sino e descobri que o Moinho Amarelo estava em chamas. Não se sabe ao certo a causa do incêndio, mas fui informado de que dois dos tecelões despedidos no sábado passado ficaram bebendo até tarde no Eagle. Ninguém sabe do paradeiro deles.
	2 de junho	O sr. P. me informou que o dinheiro do seguro será inves-

		tido em novo equipamento para o Moinho de Pedra. O mercado anda instável demais para que se reconstrua o Moinho Amarelo.
	17 de agosto	Aproveitei que o nível da água estava baixo e removi do leito do rio a antiga represa, para diminuir as chances de uma enchente na próxima primavera.
	16 de setembro	Nesta manhã, a sra. Dodge deu à luz nosso filho, Nathan. Rostinho gorducho.
1838	9 de abril	O sr. Samuel Plimpton partiu para o oeste em busca da fortuna. Muitas lágrimas em sua partida. 4 de julho – Todos trabalharam o dia inteiro; de manhã limpamos a grade de lixo.
1839	1º de junho	O jovem sr. William Plimpton casou-se hoje com a sra. Patience Warren. O sr. Zachariah P. parece felicíssimo com sua nova nora.
	13 de setembro	O sr. Samuel P. escreveu do Texas; tudo está bem.
1840	17 de agosto	Nasceu o filho do sr. e da sra. William P., também chamado de William.
	20 de agosto	Nasceu hoje nosso segundo filho, chamado Silas. Que semana!
1841	28 de outubro	A mais feliz das coincidências entre os Plimpton e nós. John P. nasceu esta manhã, nosso terceiro filho. Jacob, esta tarde. Que dia!
	30 de novembro	O sr. e a sra. Zachariah P. se mudaram para Providence.
1842	1º de abril	O sr. Zachariah P. abriu mão de sua participação no moinho devido à sua idade. O sr. William P. e eu formamos uma nova sociedade, com as bênçãos do sr. Zachariah.
	29 de abril	Mais problemas com as rodas hidráulicas; resolvemos reconstruí-las com eixos de ferro fundido.

Trechos do diário de William Plimpton

1842	9 de maio	Um trágico acidente roubou de mim meu sócio e cunhado, o sr. Ephraim Dodge.
	18 de junho	O sr. Alonzo Humphrey aceitou trabalhar como administrador. Ele comprou a casa de Ephraim, já que Mary e as crianças partiram para Providence.
1843	6 de fevereiro	Minha amada Patience morreu hoje dando à luz uma filhinha. Deus achou melhor levar também a garotinha.
1845	13 de setembro	A ferrovia chegou a Wicksbridge. Visão impressionante correndo e soltando fumaça através dos campos.
1846	27 de novembro	Acabou hoje o que havia restado do espermacete; abri novo barril de trinta galões. As lamparinas têm sido acesas umas três horas por dia.
1847	Dia de Ação de Graças	Conheci hoje os Townsley na casa de meus pais. Eles são todos fervorosos abolicionistas. Ninguém, contudo, trouxe à baila o assunto do "pano de negro", a não ser sua franca embora eloqüente filha, Rachel.
1849	22 de agosto	A srta. Rachel Townsley e eu nos casamos hoje. Fixaremos residência em Providence, já que mamãe não anda bem de saúde.
1850	2 de março	Mamãe morreu ontem. Papai, por fora, parece calmo, mas está profundamente entristecido por dentro.

O Moinho Plimpton

Em 1852, William Plimpton era o proprietário único do Moinho de Pedra e de vários outros moinhos em Rhode Island. Tendo passado a partilhar muitas das idéias abolicionistas de sua mulher, decidiu abandonar a produção do "pano de negro" e fabricar um tecido de qualidade bem superior, em diversos padrões. Para tanto, planejou substituir as fiadeiras de ação contínua por máquinas de fiar bem mais rápidas e eficientes chamadas bancos de anéis, que girariam aproximadamente mil e trezentos fusos e produziriam fios de urdidura mais fortes. Tencionava também usar sete máquinas de fiar automáticas, que operariam um total de dois mil e oitocentos fusos e produziriam um fio de trama de qualidade bem superior. A tecelagem seria feita em teares novos e sofisticados.

William precisava aumentar, contudo, o tamanho do moinho. Para projetar um edifício anexo, contratou seu amigo Samuel Belcher, um engenheiro muito respeitado em Providence.

Após estudar o local e determinar as necessidades do novo espaço, Belcher sugeriu um edifício de tijolo de três andares anexado a uma das extremidades do Moinho de Pedra, com o mesmo comprimento e largura da antiga construção. O tijolo, disse a William, não apenas estava na moda e era um material fácil de se trabalhar, como também, graças à ferrovia, era fácil de se conseguir. Ele também sugeriu a instalação de um sistema de aquecimento a vapor que deveria ser estendido ao antigo edifício. Uma pequena casa para a caldeira e sua chaminé poderia ser erguida atrás do anexo. Por fim, propôs uma nova torre de tijolo na frente do moinho. Ela teria a mesma função e as mesmas proporções, da do Moinho de Pedra, embora com um estilo arquitetônico modernizado.

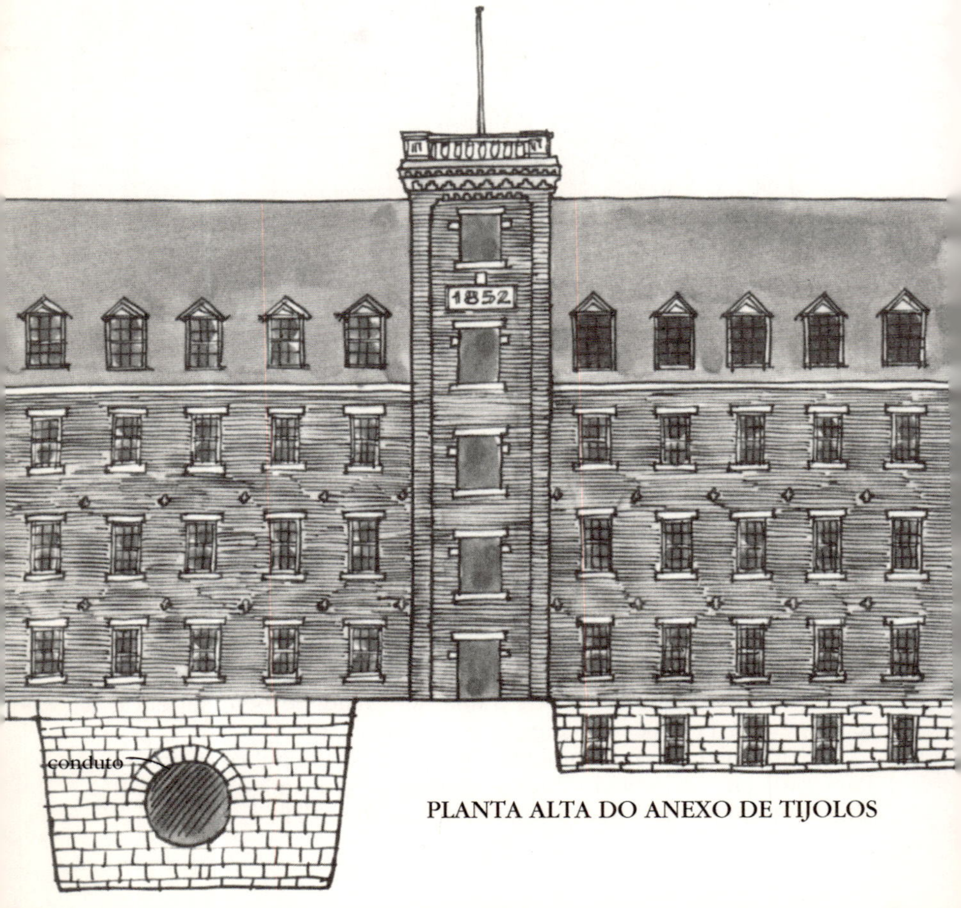

PLANTA ALTA DO ANEXO DE TIJOLOS

Para produzir energia suficiente para um número dobrado de máquinas, era necessário que se fizessem alterações substanciais no sistema hidráulico. Em primeiro lugar, era essencial que se aumentasse a altura da cabeça. Com esse fim, Belcher sugeriu que se erguesse uma represa acima das cachoeiras e que se escavasse um novo canal de descarga, mais extenso que o anterior. Para aumentar o fluxo d'água, planejou aumentar o canal adutor. As duas rodas de peito seriam substituídas por uma turbina hidráulica, mais eficiente.

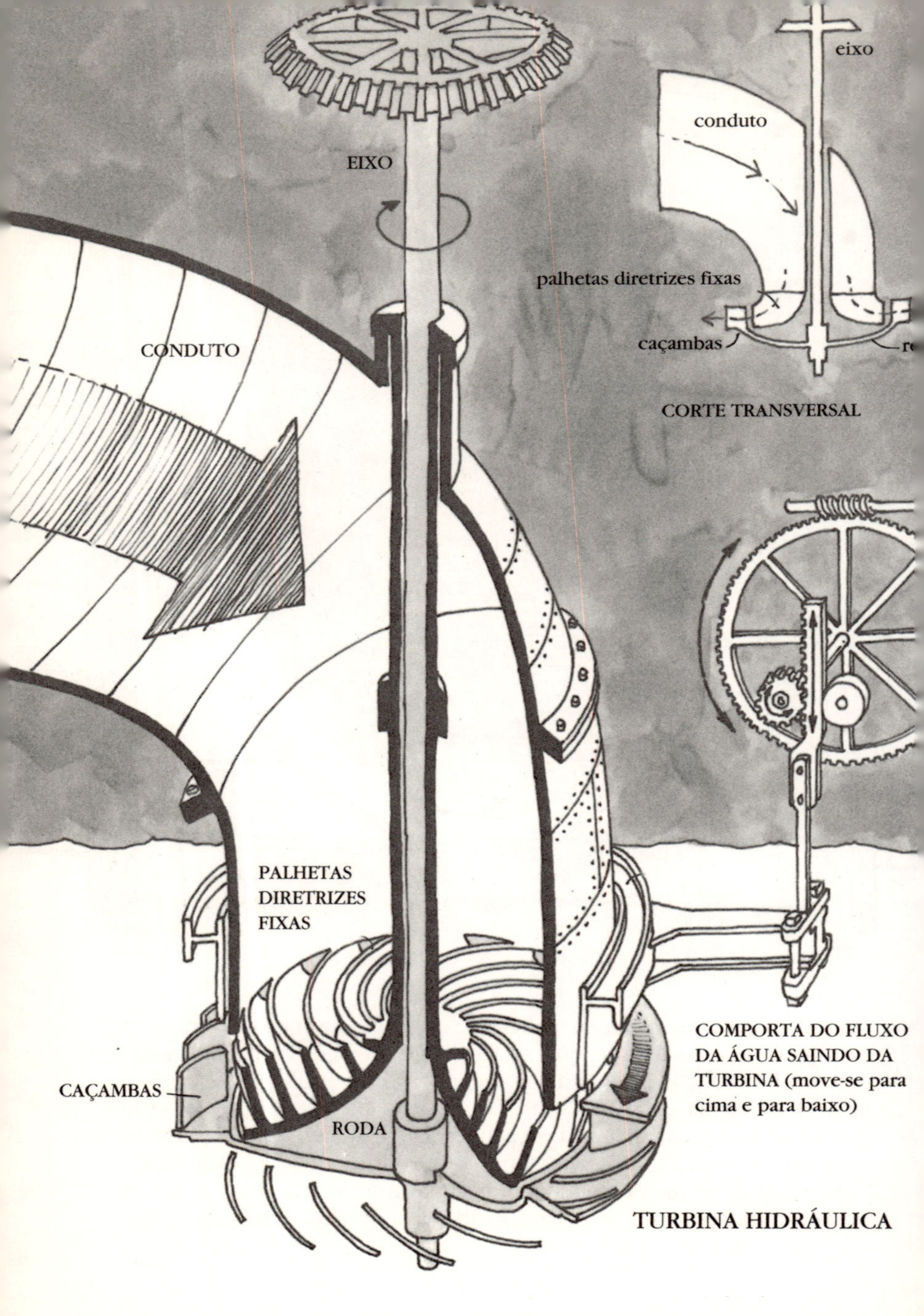

TURBINA HIDRÁULICA

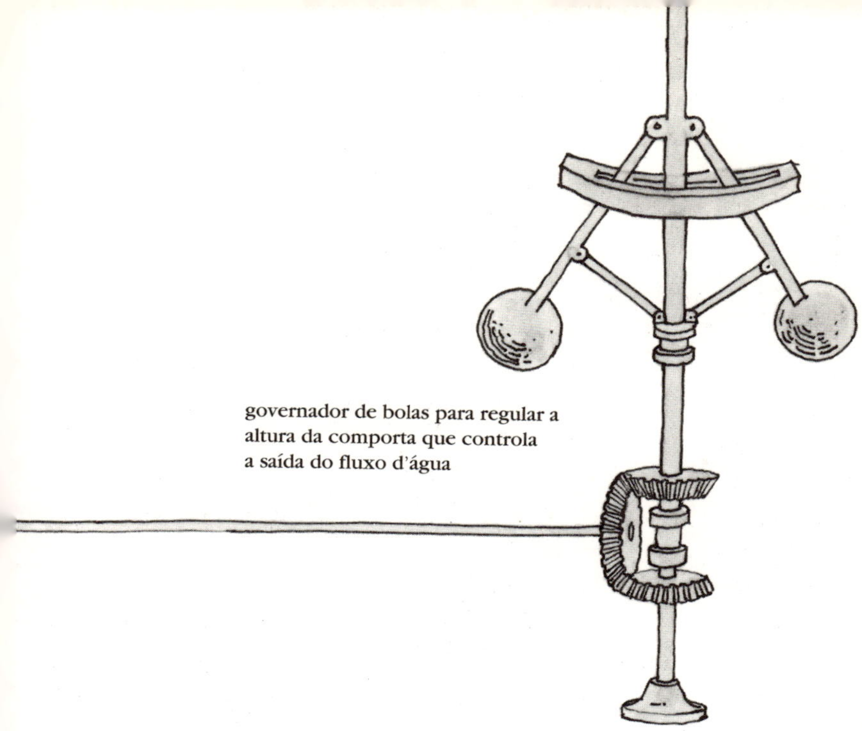

governador de bolas para regular a
altura da comporta que controla
a saída do fluxo d'água

A turbina consistia numa roda hidráulica horizontal, que girava num eixo vertical e era colocada no fundo de um tubo grande e curvo chamado conduto. Em vez das pás achatadas, a roda da turbina era equipada com lâminas curvas de ferro chamadas caçambas. Um segundo grupo dessas lâminas de ferro, chamadas palhetas diretrizes, era fixado a uma estrutura estacionária em torno da qual girava a roda. A água do canal adutor era conduzida à roda hidráulica num movimento em espiral provocado pelo conduto. Ela era empurrada contra as palhetas diretrizes, que a conduziam para fora, em direção às caçambas. A pressão da água contra as caçambas fazia a roda girar. A água finalmente escorria das caçambas para o canal de descarga. Uma grade de lixo era instalada na entrada do conduto, juntamente com uma comporta que permitia estancar o fluxo de água em direção à turbina. Uma segunda comporta, dentro da turbina, regularia o fluxo de água saindo de seu interior e a quantidade de energia fornecida. Essa comporta era controlada automaticamente por um governador de bolas.

Assim que o projeto foi aprovado, fez-se a encomenda do material de construção e preparou-se o terreno para a obra. Enquanto alguns trabalhadores escavavam o canal de descarga, um outro grupo cavava o fosso da turbina, construído a uma distância suficientemente grande dos antigos fossos das rodas de peito, para permitir que elas continuassem fornecendo energia ao Moinho de Pedra até que a turbina estivesse pronta para substituí-las.

As paredes de tijolo repousavam sobre fundações de pedra e, como no Moinho de Pedra, eram recuadas na parte de dentro de cada andar para servir de apoio ao assoalho. Quando as paredes chegaram à altura da primeira fileira de janelas, foram inseridos blocos de granito para servir de peitoril. À medida que as paredes iam subindo, foram instaladas as estruturas de madeira das janelas. Um segundo bloco de granito, o dintel, cobria a parte de cima das aberturas, sustentando o peso da parede acima da janela.

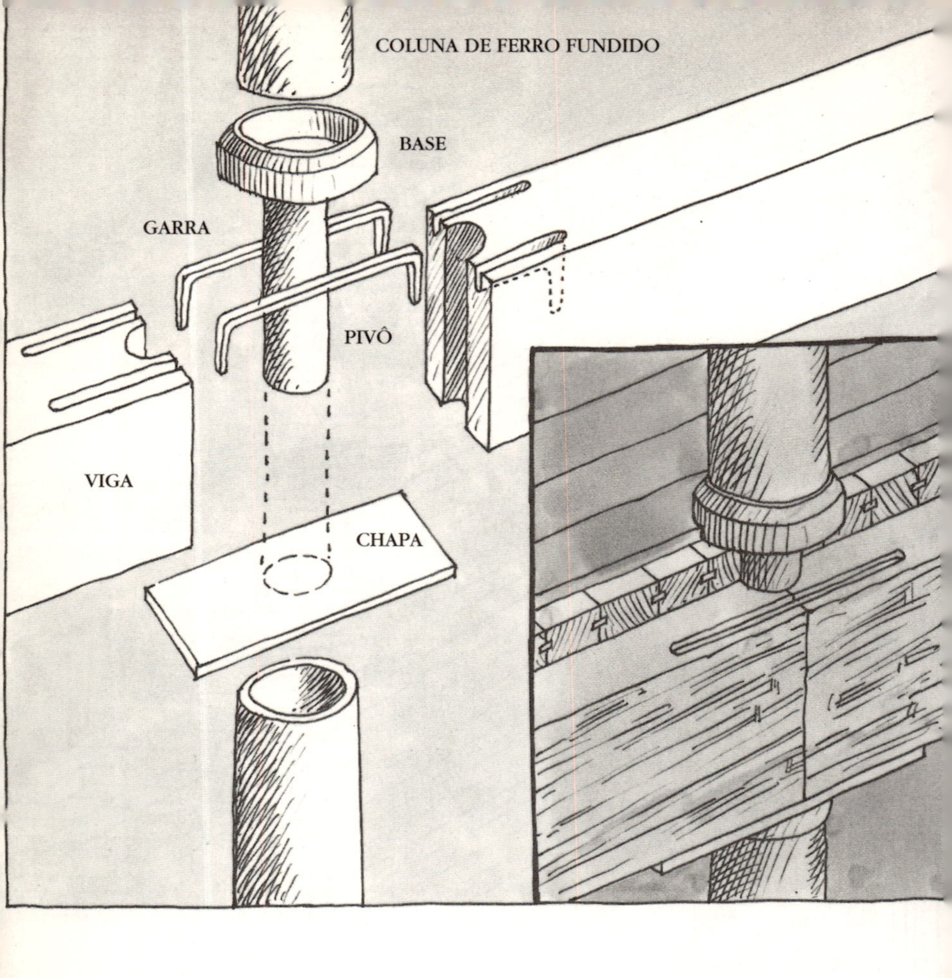

As vigas principais foram presas à parede como no Moinho de Pedra, porém iam apenas até a metade da largura do edifício. A outra extremidade das vigas se apoiava numa fileira de colunas de ferro fundido que corria pela parte central do moinho. As vigas repousavam sobre uma chapa que ficava em cima de cada coluna e eram unidas por meio de dois grampos de ferro chamados garras. Entre a extremidade das vigas e no topo da coluna ficava uma peça de ferro fundido chamada pivô, que sustentava a base da coluna de cima. Sem o pivô, a parte de baixo da coluna de ferro esmagaria a parte de cima da viga de madeira, desnivelando a parte central do assoalho.

A nova represa foi construída no verão de 1852. Sua altura não apenas aumentava o tamanho da cabeça, como também assegurava um suprimento constante de água com a criação de um reservatório para o moinho. Durante o dia, o nível do reservatório caía à medida que a água fluía em direção à turbina. À noite, quando o moinho não funcionava, a comporta entre o reservatório e o canal adutor era fechada, permitindo que o reservatório voltasse a encher para o dia seguinte. Para acabar com o que restava de disputa com os vizinhos pela energia hidráulica local, Plimpton comprou o moinho de cereais e seus direitos de uso da água. E para evitar ações judiciais, comprometeu-se a pagar uma quantia anual a dois fazendeiros cujas terras seriam inundadas pela água contida pela nova represa.

Essa represa, como a antiga, seria formada pelo encontro angulado de duas seções. Dessa vez, contudo, não seriam duas seções retas a se encontrar no meio da cachoeira, mas duas seções ligeiramente curvas a formar um arco suave e contínuo. Além disso, a represa seria feita de pedra e não de madeira.

As pedras da fundação foram colocadas e fixadas num canal escavado na parte mais saliente do rochedo. Os blocos que forma-

vam ambas as faces da represa foram cuidadosamente moldados para se encaixarem perfeitamente, enquanto o interior da estrutura era formado de pedregulhos e concreto. A estrutura de alvenaria na parte da represa voltada para montante foi reforçada por um banco de terra, dentro do qual foram inseridas pranchas de madeira para evitar vazamentos. Ambas as extremidades da represa foram contidas por sólidos muros de pedra ao longo das margens do rio. Uma abertura com uma comporta foi construída na base de um dos lados da represa, permitindo a drenagem do reservatório em caso de necessidade. No topo da represa foram inseridos tirantes de ferro para segurar pranchas horizontais chamadas pranchas de descarga. Embora sua função principal fosse aumentar a capacidade do reservatório, os tirantes e as pranchas de descarga também foram projetados para ceder e vir abaixo durante uma enchente. Eles teriam de ser substituídos quase todos os verões. Uma fileira de novas comportas, protegidas por um barracão de madeira chamado casa das comportas, controlava o acesso ao canal adutor.

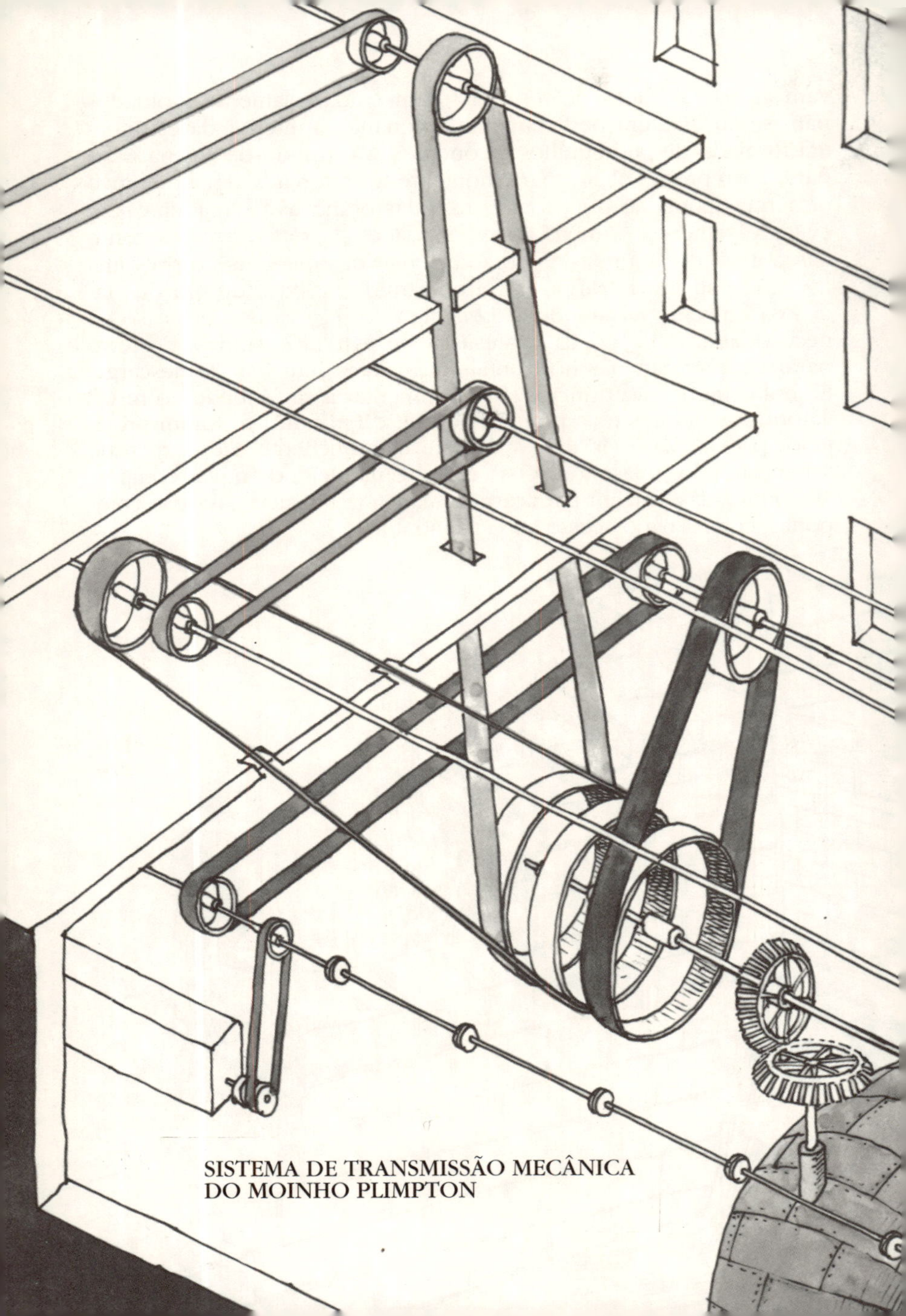

SISTEMA DE TRANSMISSÃO MECÂNICA
DO MOINHO PLIMPTON

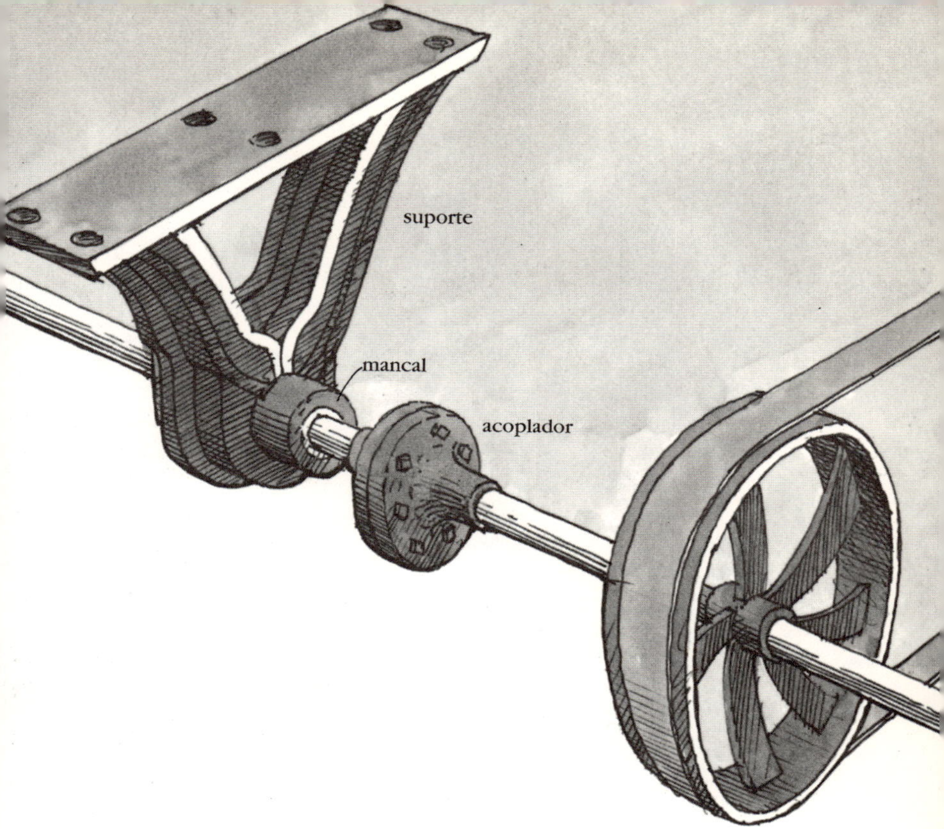

Tendo supervisionado a instalação da turbina, Belcher passou a se preocupar com o sistema mecânico de transmissão. Para reduzir o atrito, a necessidade constante de manutenção e também um pouco do barulho, substituiu o eixo vertical por uma série de polias de correia larga. A rotação do eixo vertical da turbina era transferida para um eixo horizontal. Várias correias de couro ligavam as polias desse eixo às polias dos eixos de transmissão dos andares de cima.

Como as correias de couro tendiam a escapar no caso de eixos de rotação muito lenta, era necessário dar a eles uma velocidade maior. Assim, Belcher removeu do moinho todo o sistema de eixos de ferro fundido e substituiu-o por um equipamento axial mais resistente, feito de ferro forjado. Os eixos eram cilíndricos e tinham aproximadamente três metros de comprimento. Em suas extremidades era preso um disco chamado flange. Para se unir dois segmentos de eixo, bastava aparafusar as flanges.

Enquanto se montava o sistema mecânico de transmissão, a tubulação do sistema de aquecimento a vapor era presa às paredes, circundando cada andar pouco abaixo das janelas.

Em agosto de 1853, a maquinaria estava instalada e quase pronta para entrar em funcionamento. As comportas, em ambas as extremidades do canal adutor, estavam fechadas; o canal havia sido drenado e ampliado. Foi aberto um novo canal entre o canal adutor e o fosso da turbina, e a antiga entrada do fosso das rodas hidráulicas foi fechada. Belcher e seus empregados trabalharam dia e noite para completar esse trabalho o mais rápido possível e minimizar os prejuízos causados pela interrupção da produção no moinho.

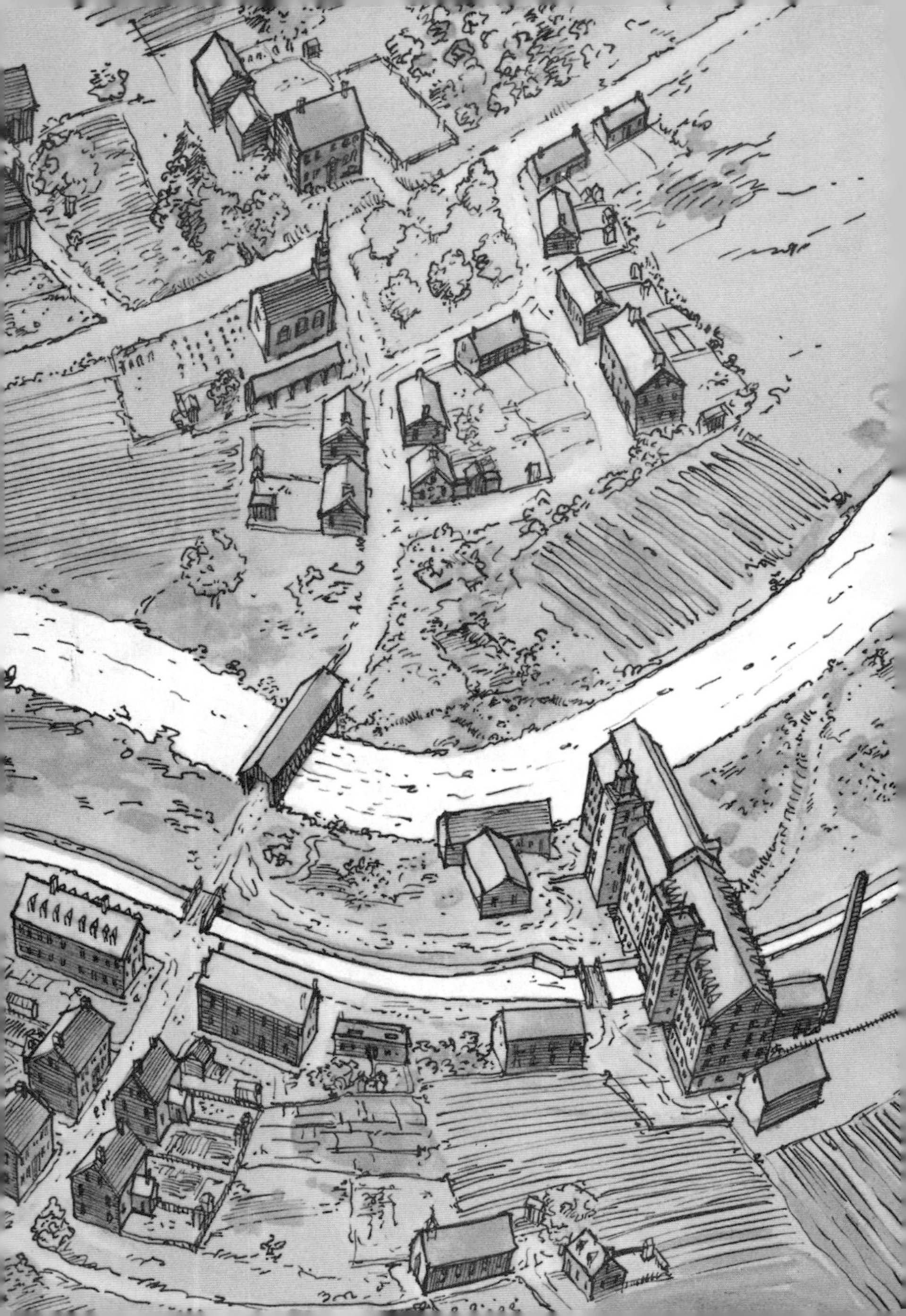

Em setembro, o Moinho de Pedra, já ampliado e rebatizado Moinho Plimpton, produzia uma grande variedade de tecidos axadrezados e de listras, empregando vinte e cinco homens, quarenta e cinco mulheres e trinta e cinco crianças.

Enquanto a maior capacidade de produção do moinho exigia mão-de-obra adicional, a instalação das máquinas de fiar automáticas exigia que parte dessa mão-de-obra fosse altamente especializada. Os fiandeiros que trabalhavam com as máquinas automáticas eram bastante conscientes de sua importância e os trabalhadores mais bem pagos do moinho.

Numa tentativa de dar mais conforto aos fiandeiros, construiu-se uma nova pensão feita de tijolos. A velha pensão de madeira ficou reservada exclusivamente às mulheres solteiras.

Belcher construiu um armazém novo, mais imponente, em cima do qual colocou uma espaçosa sala de reuniões.

Um dos primeiros eventos realizados naquela sala foi uma conferência dada pelo próprio Zachariah Plimpton sobre a contribuição britânica à indústria têxtil americana. O fato de grande parte dos trabalhadores não especializados ser de origem irlandesa provavelmente explica o pouco entusiasmo com que foi recebido o evento.

Trechos de uma carta de Dora Sullivan para sua família em Lawrence, Massachusetts

Wicksbridge

Outubro de 1959

Meus caríssimos pais,

Espero que todos estejam bem. Já faz algum tempo que não recebo notícias de vocês. Pai, fiquei feliz de saber que você, Mary, Ellen e Bridget estão gostando do emprego no Moinho Pemberton. Eu continuo preferindo o moinho menor daqui de Wicksbridge, mesmo que essa preferência nos mantenha separados. Há muitos conterrâneos aqui, o que me ajuda a superar a solidão. A viúva Kimball administra uma boa pensão para todas as moças solteiras que trabalham no moinho. Eu preferiria menos presunto cozido e mais tortas de frutas silvestres, mas não posso me queixar quando me lembro do que deixamos para trás para vir aqui. Talvez eu possa ir visitá-los em poucos meses. Espero comprar um chápeu e um vestido novo antes disso.

Trechos do Diário de Alonzo Humphrey

1860	11 de janeiro	Li na *Gazette* sobre o desmoronamento do Moinho Pemberton em Lawrence, Massachusets. 113 mortos, 135 feridos.
	12 de abril	Li hoje que o desmoronamento do Pemberton foi causado por colunas de ferro fundido mal construídas. Nós colocamos as nossas na mesma época; checamos todas hoje. Elas parecem em ordem, mas sem retirá-las é impossível ter certeza.
	26 de setembro	O sr. William P. acha que estamos às vésperas de um longo confronto com o sul por causa da questão da escravatura. Antevendo um provável corte de fornecimento, e aproveitando que o algodão está barato, encomendamos o quádruplo da quantidade normal. O material vai ser estocado no armazém de Providence.
1861	14 de abril	Estamos em guerra com os rebeldes.
	8 de agosto	Jacob Dodge, o jovem William P. e John P. entraram todos para o 4º Regimento de Rhode Island.
1862	18 de setembro	Soube hoje que Jacob Dodge foi morto em combate num lugar chamado Antietam; William está desaparecido; três outros da região também foram mortos. John P. está bem.
1863	4 de abril	Uma correia da sala de fiar arrebentou hoje; passei metade do dia costurando e fazendo uma emenda. Uma das meninas quase foi morta, atingida por uma das extremidades da correia, mas escapou com apenas um corte profundo.
	10 de setembro	Soube de mais moinhos que fecharam por falta de algodão. Temos tido sorte até agora por apenas termos de reduzir a produção.
1864	15 de agosto	Hoje Mary McDonnel foi puxada para dentro da maquinaria pela correia e perdeu seu braço direito logo abaixo do cotovelo. Receio que o calor não vá contribuir para sua recuperação.
	17 de agosto	Mary McDonnel morreu hoje. A infecção se espalhou rapidamente a partir do ferimento. Mandarei o salário dela para sua mãe em Southbridge.
1865	9 de abril	Vi John Plimpton hoje; ele está voltando para a faculdade de medicina em Boston. Ele me disse que seu irmão, William, havia lhe escrito do Texas, mas pediu que eu não comentasse isso com ninguém. Acho que é melhor que acreditem que ele foi morto na guerra...

	15 de abril	O presidente Lincoln foi assassinado; parece impossível. Estamos todos abalados. Será celebrado um culto em sua memória na igreja.
1866	6 de março	O sr. William P. me deu autorização para ceder um terreno para a nova igreja católica; mais da metade dos trabalhadores hoje em dia é de origem irlandesa.
	19 de setembro	Li hoje que o irmão do sr. William P., Samuel, foi morto por índios Sioux enquanto atravessava Montana.
1867	27 de julho	Michael O'Brian, Matthew Ryan e Robert Dooley passaram metade do dia fora; três máquinas de fiar automáticas ficaram largadas até o meio-dia.
	16 de agosto	O'Brian e Ryan não vieram trabalhar depois de uma festa no Eagle. Dooley veio, mas estava imprestável; mandei-o para casa com uma advertência.
	19 de agosto	O'Brian, Ryan e Dooley foram embora hoje. Terei de ir a Providence achar gente para substituí-los, mas não posso dizer que sentiremos falta deles.
	27 de agosto	Não chove desde o início de junho; o reservatório estava vazio por volta do meio-dia; botei as meninas para limpar os teares e as máquinas de cardar.
	28 de agosto	O nível do rio está de novo baixo; mandei alguns empregados para casa mais cedo.
	30 de agosto	Choveu torrencialmente ontem e a noite inteira; todo mundo trabalhando.
1868	29 de abril	O trem descarrilou; a nova remessa de algodão ficou presa; os limpadores do algodão ficaram sem serviço a partir das dez da manhã.
1869	5 de novembro	O cano de vapor explodiu em cima dos teares; perdi metade do dia e quarenta e cinco metros de tecido em quatro teares.
	2 de dezembro	Essa manhã Isaac Skinner escorregou no canal adutor enquanto removia o gelo da grade de lixo. Ficou preso à grade por causa da força da água que entrava no conduto. Ele já havia se afogado quando a comporta foi fechada.
1870	15 de abril	Ouvi rumores hoje de que uma propriedade a jusante do rio foi comprada pela Companhia Harwood para a construção de um novo moinho de algodão. Se isso for verdade, espero que ela demore para construí-lo; seria melhor para os nossos negócios...

O Moinho Harwood

A Companhia Harwood possuía vários moinhos e vilarejos de moinho espalhados por toda a Nova Inglaterra. A maior parte deles foi comprada de proprietários que desejavam apenas abandonar esse ramo de negócio ou foram adquiridos em leilões de falência. Na primavera de 1870, contudo, a companhia decidiu construir um moinho de algodão novo, um moinho absolutamente moderno. Ele teria trinta mil fusos e setecentos e trinta teares. A maquinaria funcionaria impulsionada por uma gigantesca máquina a vapor.

Desenhado por Rufus T. Malone, um dos mais importantes projetistas de moinho da época, o edifício seria de tijolos e mediria cento e treze metros de comprimento por vinte e dois metros de largura. Teria três andares acima do solo, um subsolo com luz natural e um espaçoso sótão. As janelas seriam as mais amplas possíveis para permitir a entrada da luz no interior dos amplos andares. Duas torres na parte da frente do edifício conteriam as escadas do prédio, e duas menores, na parte de trás, alojariam os banheiros.

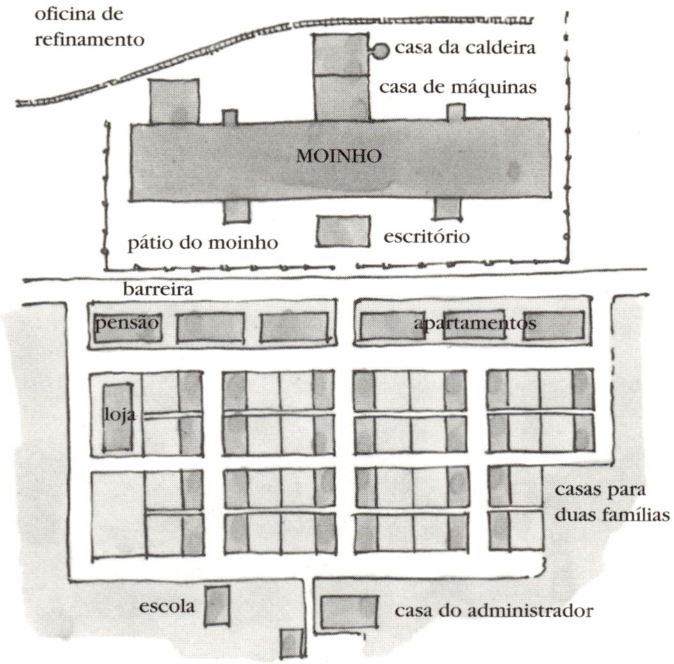

PLANTA DO LOCAL DE CONSTRUÇÃO

Atrás do moinho, Malone colocou a casa de máquinas, a sala da caldeira e o setor de limpeza do algodão. No terreno em frente do edifício, chamado de pátio do moinho, ficaria um escritório abrigando a administração e a contabilidade da companhia.

Além do moinho e dos edifícios anexos, o projeto de Malone previa a construção de vinte e seis casas com quintal, para duas famílias cada uma, cinco edifícios com apartamentos de aluguel e uma pensão para os trabalhadores solteiros. Esses prédios foram esboçados numa planta. Foram também projetados um grande armazém com uma sala de reuniões na parte de cima, uma pequena escola e uma confortável casa para o administrador residente.

Foram estudados vários lugares para a construção, mas a área diante do Moinho Plimpton, na margem oposta do rio, foi escolhida por estar próxima à ferrovia, seu agradável cenário rural e seu preço. Da principal linha ferroviária, criou-se um ramal para apressar a entrega dos tijolos e demais materiais de construção. Esse ramal serviria para transportar o algodão bruto, distribuir o tecido industrializado e levar ao moinho o carvão que alimentaria a máquina a vapor.

Feitas as fundações com blocos de granito, as paredes subiram rapidamente. Por seu tamanho, as janelas foram encimadas por arcos de tijolo em vez de dintéis de pedra. As estruturas de madeira das janelas foram colocadas durante a construção das paredes, e a parte de cima dessas estruturas serviu de cimbre para os arcos. As estreitas faixas de alvenaria entre as janelas foram aumentadas e transformadas em pilastras para suportar o peso dos assoalhos e das máquinas e resistir às tremendas vibrações.

O assoalho era sustentado por vigas que cortavam o moinho de um lado ao outro, ligando as pilastras localizadas nas extremidades opostas do edifício. Cada viga tinha vinte e quatro metros de comprimento e era dividida em três segmentos de igual tamanho. Colunas redondas de madeira sustentavam a viga no ponto de junção dos segmentos. Malone passara a insistir no uso de colunas de madeira em todas as suas construções desde a tragédia de Pemberton em 1860. Em vez de se arriscar usando vigas únicas e grandes, nas quais era impossível se detectar defeitos em sua parte central, Malone dava a cada viga seu tamanho adequado juntando e aparafusando lado a lado duas ou três vigas de menor largura.

Por insistência da companhia de seguros, as extremidades das vigas que eram inseridas nas paredes foram cortadas obliquamente e as aberturas para recebê-las, feitas um pouco mais altas do que as vigas. Não se usaram tirantes de união, embora uma pequena chapa de metal ligasse a parte de baixo de cada viga ao tijolo. Maiores aberturas na parede para receber as vigas e a eliminação dos tirantes de união eram garantia de que, se houvesse um incêndio e o assoalho desabasse, as paredes continuariam de pé. Malone não estava convencido de que as paredes seriam sólidas o suficiente para serem usadas novamente após o incêndio, mas reerguer o moinho seria um empreendimento bem menos dispendioso se ele não tivesse de ser reconstruído.

A companhia de seguros insistiu também para que um sistema de chuveiros fosse instalado para apagar qualquer começo de incêndio. Um grande tanque chamado de cisterna, colocado no topo de cada torre, forneceria água às fileiras de tubos perfurados pendurados no teto de cada andar.

Também nos tetos ficavam os canos do aquecimento a vapor. Essa localização foi sugerida pela companhia de seguros devido ao perigo de fogo criado pelos trabalhadores que colocavam coisas perto ou em cima dos canos instalados embaixo das janelas.

Malone teve um prazer especial em construir o telhado de mansarda do moinho. Seria o primeiro das redondezas e daria à construção um ar extremamente elegante. A maior parte do telhado era ligeiramente inclinada, mas ao se aproximar da extremidade do edifício ele caía abruptamente, formando uma acentuada curva. Águas-furtadas contendo grandes janelas foram instaladas ao longo de toda a superfície da fachada curva.

MÁQUINA A VAPOR

Em abril de 1872 instalou-se a grande máquina a vapor. O vapor, sob grande pressão, entrava no cilindro através de um grupo de válvulas, empurrando para frente e para trás o pistão localizado dentro do cilindro. Uma biela e uma manivela transformavam esse movimento retilíneo alternado em movimento rotativo, fazendo girar uma gigantesca roda chamada volante. Uma larga correia de couro em torno do volante fazia girar a principal polia de um eixo horizontal do moinho. Outras polias foram colocadas nesse mesmo eixo e cada uma delas se ligava a um eixo de transmissão diferente. Foi utilizado um governador de bolas para garantir que a máquina fornecesse a energia adequada às variáveis exigências das máquinas em operação no moinho.

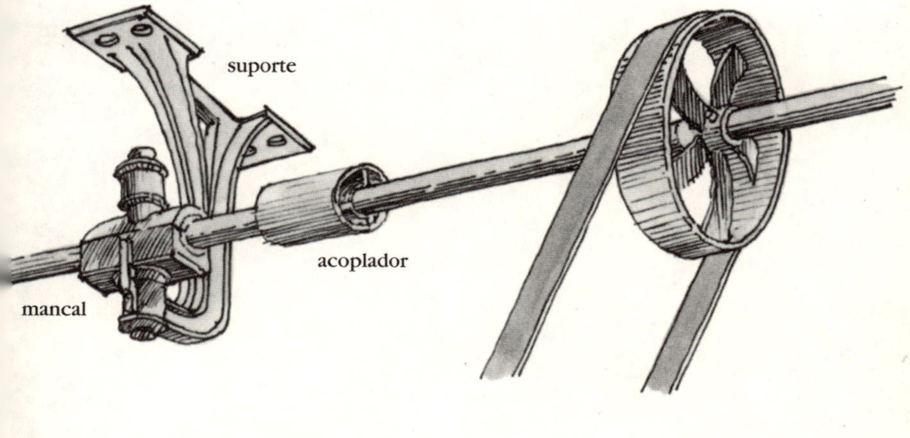

Devido à sua grande extensão, e porque o edifício haveria de sofrer alguma trepidação, era quase impossível impedir que os eixos se deslocassem de seu alinhamento original. Para compensar esse problema, Malone instalou um sistema de eixos auto-alinhador. Os eixos se apoiavam em mancais que tinham flexibilidade para acompanhar seus deslocamentos. Isso simplificava a instalação e o alinhamento do sistema de eixos e reduzia a fricção e o desgaste, fazendo com que os eixos de transmissão pudessem girar livremente na velocidade desejada.

47

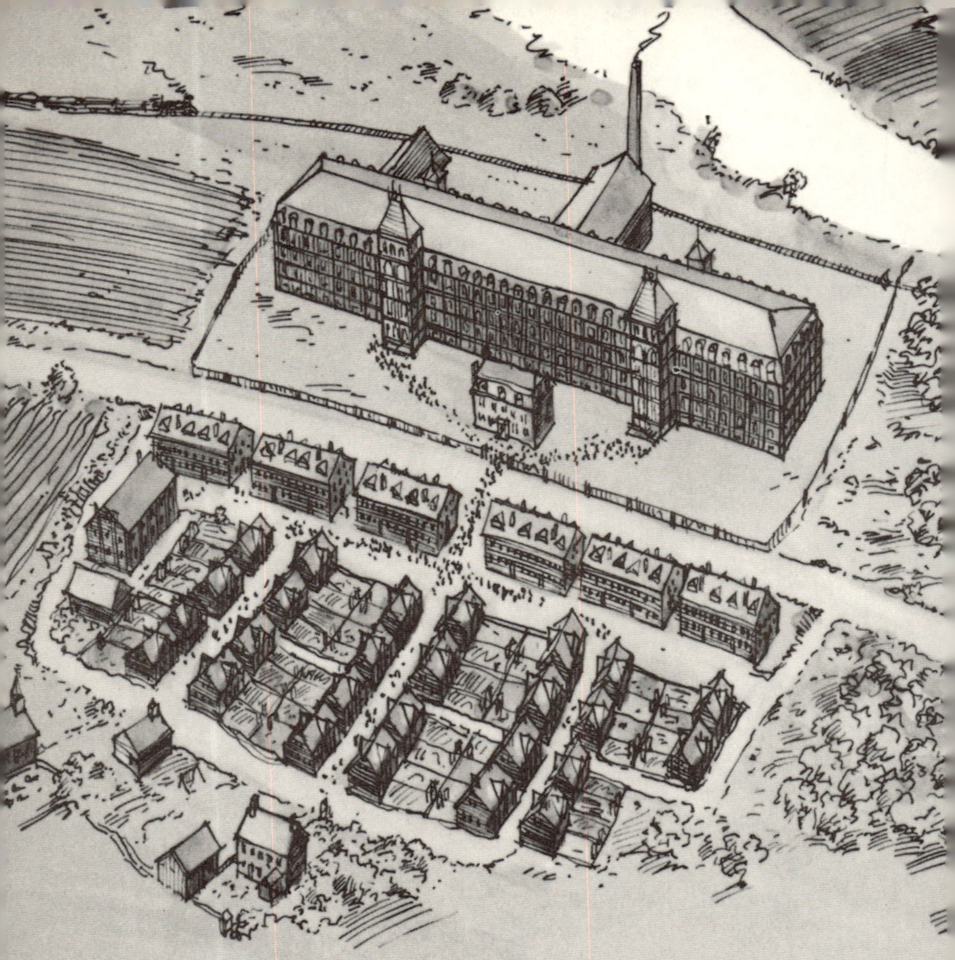

Pelo final do verão, a chaminé da sala da caldeira estava concluída, os escritórios de administração e contabilidade haviam sido mobiliados e o pátio do moinho estava cercado por uma grade alta de ferro forjado. Os portões se abririam todos os dias, exceto aos domingos e feriados, às sete da manhã e se fechariam às sete ou sete e meia da noite. O Moinho Harwood começou a funcionar com uma força de trabalho de cem homens, duzentas e quarenta mulheres e cento e cinqüenta crianças de mais de doze anos.

Do outro lado da rua, diante do pátio do moinho, muitas casas foram ocupadas por trabalhadores vindos de Quebec, recrutados por agentes enviados ao Canadá pela Companhia Harwood.

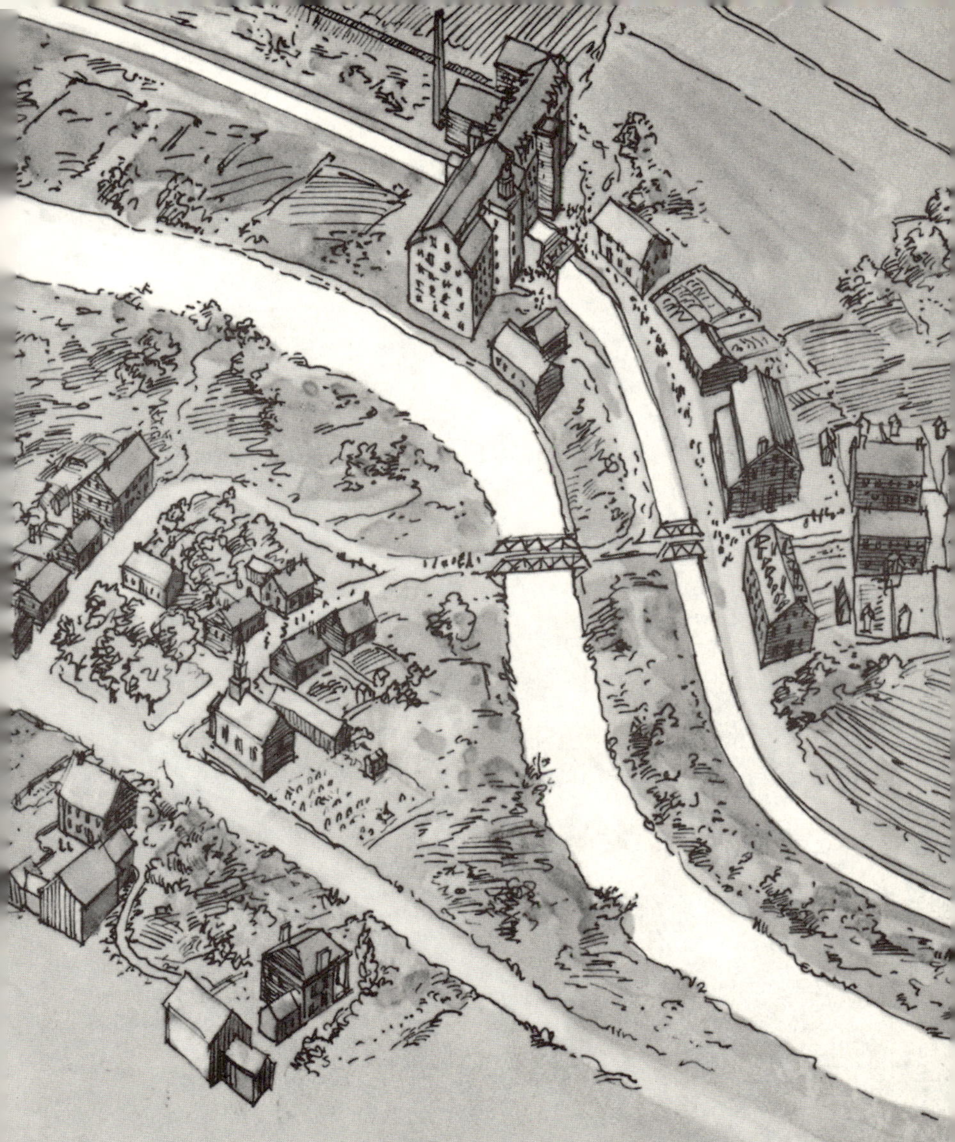

Por serem os mais recentes imigrantes da região, seria possível pagar-lhes os salários mais baixos. Em pouco tempo construiu-se uma nova igreja católica num terreno vendido pela companhia, e logo depois aparecia a primeira lápide numa clareira atrás do templo.

Nos setenta anos precedentes, muitos sons estamparam sua marca na região — do chiado rítmico produzido pela água que escapava da primeira roda hidráulica de Zachariah e do barulho ensurdecedor dos teares mecânicos do Moinho de Pedra ao apito agudo da primeira locomotiva e o infatigável zumbido das correias de couro. O povo de Wicksbridge, seja para responder aos sinos da fábrica, seja para responder aos sinos da igreja, descia apressadamente ruas que ecoavam o falar franco-canadense.

Epílogo

Após a Guerra Civil americana, alguns estados do sul começaram uma campanha, que se intensificava gradativamente, para atrair indústrias e investimentos. Esses estados ofereciam baixos impostos, ou simplesmente não cobravam imposto algum, além de uma grande quantidade de gente pobre disposta a trabalhar por salários baixos sem nenhuma proteção sindical. No final do século XIX, essas promessas, aliadas à oportunidade de se construir novos moinhos com o que havia de mais moderno em equipamento, desencadearam um processo que acabaria pondo fim à indústria têxtil dos estados do norte.

Graças à sua esclarecida administração, que insistia no uso dos mais modernos equipamentos, o Moinho Harwood foi não apenas capaz de competir com a florescente indústria do sul, como também de permanecer relativamente próspero por boa parte do século XX. Quando o Moinho Plimpton queimou de alto a baixo, em 1893, grande parte de seu setor de armazenamento e habitação foi adquirida pela Companhia Harwood e muitos de seus empregados conseguiram emprego do outro lado do rio.

Durante a Primeira Guerra Mundial, o Moinho Harwood recebeu várias encomendas do governo. Ele sobreviveu à Grande Depressão, à greve de 1934, e continuou dando lucro durante toda a Segunda Guerra Mundial. Esses lucros, porém, finalmente começaram a cair e acabaram desaparecendo. Em 1947, o moinho foi comprado pela B & B Fabrics, que mais tarde tornou-se uma divisão da enorme Fabritron Corporation. Durante os quatro anos que se seguiram, permitiu-se que o moinho funcionasse com prejuízo para se obter uma redução nos impostos da Fabritron, enquanto a firma se expandia em várias outras áreas não relacionadas à indústria têxtil, em outras regiões do país.

À medida que a vida do moinho ia paulatinamente se extinguindo, o oposto ocorria a seu redor. Por volta de 1950, Wicksbridge havia se tornado um subúrbio residencial bastante popular. A maior parte das pessoas que lá viviam não tinham nada a ver com o moinho, nem mesmo reparavam nele ao seguirem para seus trabalhos pela rodovia que agora ligava aquela próspera comunidade a Providence.

Em 1955, a indústria têxtil finalmente se despediu do lugar que havia criado. Os trabalhos ainda executados no Moinho Harwood foram suspensos, os trabalhadores dispensados e o prédio colocado à venda.

Entre 1956 e 1968, várias firmas pequenas mudaram-se para diferentes seções do moinho. A última delas, uma loja de tecidos, fechou no inverno de 1969 e mudou-se para um shopping center novo. Em 1974, o moinho centenário foi comprado por um investidor imobiliário que tencionava se aproveitar da popularidade da cidade para transformar o prédio em apartamentos e condomínios.

Alguns trabalhadores que estavam instalando a rede de esgotos embaixo da área do novo estacionamento descobriram as fundações do antigo Moinho Amarelo e seu fosso da roda. Um exame arqueológico foi encomendado pela Comissão de Preservação Histórica de Rhode Island, e, para grande dissabor do proprietário, a construção foi interrompida por trinta dias.

Grande parte do material removido durante as escavações consistia em garrafas, sapatos e todo tipo de refugo. Um dia, contudo, uma jovem arqueóloga estava examinando seu último balde de material do dia quando deparou com um achado absolutamente incomum. Bem ali, no fundo de sua peneira, junto com a quantidade habitual de cerâmicas e vidros quebrados, estava uma corroída, mas inequivocamente identificável, moeda romana.

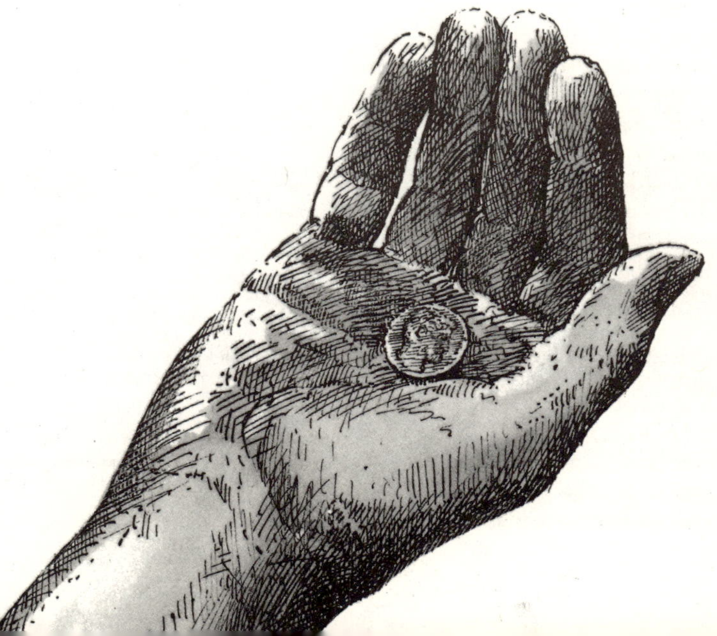

Glossário

ACOPLADORES: uma série de dispositivos usados para unir e prender as extremidades de dois segmentos de um eixo horizontal ou vertical.

ÁGUA REPRESADA: água retida no canal de descarga e no fosso da roda quando o nível do rio está particularmente alto.

BARRAGEM DE LIXO: uma tora de madeira flutuante colocada na entrada do canal condutor para barrar a passagem de entulhos flutuantes.

CANAL ADUTOR: segmento do canal condutor que leva a água do rio ou de uma represa para a roda hidráulica ou turbina.

CANAL CONDUTOR: o canal que leva a água ao fosso da roda ou da turbina e a tira de lá.

CANAL DE DESCARGA: o segmento do canal condutor que leva a água do fosso da roda ou da turbina de volta para o rio.

DESAGUADOURO: um pequeno canal usado para drenar o canal adutor na hora de consertos e para receber o excesso de água por ocasião das enchentes.

EIXO DE TRANSMISSÃO: o principal eixo horizontal, cujo movimento rotativo é transmitido a várias máquinas de um determinado andar ou de um determinado setor desse andar.

ENGRENAGEM: uma roda cuja extremidade é formada ou coberta por dentes salientes. Esses dentes são projetados para se engrenarem com dentes idênticos em outras rodas, do mesmo diâmetro ou de diâmetro diferente.

ENGRENAGEM CÔNICA: uma roda cuja borda angular contém uma série de dentes especialmente talhados para se engrenarem com dentes identicamente moldados de outra engrenagem cônica. Duas ou mais engrenagens cônicas são usadas para alterar o sentido de determinado movimento rotativo.

ENSECADEIRA: uma represa provisória, construída para desviar parte do fluxo fluvial e assim expor determinada área do leito do rio.

FIAÇÃO: o processo pelo qual as fibras são compactadas e torcidas até se transformarem num fio contínuo.

FIADEIRA DE AÇÃO CONTÍNUA: máquina movida a vapor ou energia hidráulica com engrenagens e uma estrutura de ferro fundido que podia simultâneamente compactar, torcer e enrolar o fio.

FIO DA TRAMA: o fio que vai e vem, atravessando o tecido em sua largura.

FIO DE URDIDURA: o fio que corre através do comprimento de um tecido.

FOSSO DA RODA: recinto revestido de pedra dentro do qual gira a roda hidráulica.

FUSO: os primeiros fusos eram bastões entalhados, em torno dos quais as fibras eram fiadas manualmente. Os fusos nas rodas ou máquinas de fiar são varetas que saem do centro das bobinas e dos carretéis em torno dos quais o fio é enrolado.

GOVERNADOR DE BOLAS: um dispositivo criado para regular a velocidade de uma roda hidráulica, de uma turbina ou de um volante, de maneira que responda adequadamente às variáveis necessidades energéticas da maquinaria.

GRADE DE LIXO: uma grade com barras de madeira ou metal bem juntas umas das outras, projetada de maneira a permitir a passagem da água e ao mesmo tempo impedir a entrada de entulhos no fosso da roda.

MANCAL: o suporte de ferro sobre o qual gira o moente. Os mancais eram geralmente revestidos com bronze ou alpaca para reduzir a fricção.

MÁQUINA DE FIAR AUTOMÁTICA: máquina capaz de produzir uma quantidade variável de fios fortes e de alta qualidade. Ela primeiro compactava e torcia o fio, e depois, num segundo momento, o enrolava em suas centenas de fusos. A máquina de fiar automática é aquela em que todos esses processos são mecanizados.

MOENTE: a parte cilíndrica de um eixo de ferro ou pino que gira dentro do mancal.

PANO DE NEGRO: um tipo relativamente tosco de pano, tecido em vários padrões em lã e algodão especialmente para a roupa dos escravos.

PEITO: a parte curva do assoalho do fosso da roda localizada imediatamente abaixo e a montante da roda de peito. O peito era projetado para acompanhar o mais próximo possível a circunferência daquela parte da roda e manter a água dentro das caçambas até elas atingirem o ponto mais baixo de sua rotação.

PRIVILÉGIO DE MOINHO: a licença dada para o desvio de determinado percentual do fluxo fluvial em determinado setor do rio para fornecer energia a um ou mais moinhos.

REFINAMENTO: processo pelo qual o algodão bruto é limpo antes de ser fiado. A princípio isso era feito batendo-se no algodão com varas para a remoção das impurezas. Mais tarde esse trabalho passou a ser feito por máquinas especialmente projetadas para essa função, chamadas máquinas de refinamento.

RODA DE PEITO: uma roda hidráulica cujo perímetro é formado por uma série contínua de pequenos tanques chamados caçambas. A água vinda do canal adutor entra nas caçambas pelo lado da nascente (logo acima do peito) e seu peso faz a roda girar. Quando a água entra nas caçambas na altura do eixo da roda hidráulica, ela é chamada roda hidráulica de fluxo axial. Se a água entra na roda acima deste ponto, é então chamada roda hidráulica de fluxo supra-axial.

RODA DE FLUXO SUPERIOR: uma grande roda hidráulica cujo perímetro é formado por uma série contínua de pequenos tanques chamados caçambas. A água vinda do canal adutor cai sobre a parte de cima da roda e entra nas caçambas. O peso da água nas caçambas faz a roda girar.

SISTEMA MECÂNICO DE TRANSMISSÃO: um sistema de engrenagens, eixos, polias e correias projetado para transmitir a energia gerada pela roda hidráulica, turbina ou máquina a vapor às várias partes da maquinaria.

TEAR: a máquina que transforma o fio em tecido.

TIRANTE DE UNIÃO: uma vareta de metal usada para fixar a extremidade de uma viga de madeira numa parede de alvenaria sobre a qual repousa a viga.

TORA DE ARREMATE: uma tora pesada de madeira presa ao topo de uma represa ou de uma cachoeira natural para minimizar o desgaste e a erosão causados pela água.

impressão e acabamento
yangraf
TEL.: (011) 296-1630
FAX: (011) 296-6096